①

与渴望联结

〔马来西亚〕林文采 著

中国友谊出版公司

图书在版编目（CIP）数据

与渴望联结：林文采博士心理营养育儿法：精华版 /（马来）林文采著 . -- 北京：中国友谊出版公司，2020.12

ISBN 978-7-5057-5041-8

Ⅰ.①与… Ⅱ.①林… Ⅲ.①儿童教育－家庭教育 Ⅳ.① G782

中国版本图书馆 CIP 数据核字（2020）第 219176 号

书名	**与渴望联结：林文采博士心理营养育儿法：精华版**
作者	（马来西亚）林文采
出版	中国友谊出版公司
发行	中国友谊出版公司
经销	新华书店
印刷	天津旭丰源印刷有限公司
规格	880×1230 毫米　32 开 20.5 印张　311 千字
版次	2020 年 12 月第 1 版
印次	2020 年 12 月第 1 次印刷
书号	ISBN 978-7-5057-5041-8
定价	86.00 元（全 4 册）
地址	北京市朝阳区西坝河南里 17 号楼
邮编	100028
电话	（010）64678009

林文采

马来西亚籍华人，美国心理辅导学博士，美国临床辅导学博士。著名亲子教育专家，马来西亚萨提亚中心首席导师，中国NLP学院萨提亚首席专业导师。

从事辅导25年，担任广播电台心理辅导节目主持人15年。目前在马来西亚、中国等地进行教学、辅导工作。林博士以心理学博士的功底学习萨提亚模式，是目前不可多得的理论架构与个案治疗并重的萨提亚导师。

心理营养

从1990年开始，我在马来西亚做大量的心理个案咨询，在此期间接触了很多家庭，也接触了很多具有所谓"偏差行为"的儿童和青少年。

这些孩子，之所以会被父母带来见我，通常是因为行为不当或者带有严重的情绪问题，抑或是他们很难社会化，比如没有办法和别人相处，会突然之间情绪过激，伤害别人或者自己。他们中间有人不愿意去上学，导致父母和老师特别焦虑。

面对这些所谓的偏差行为时，我们会觉得奇怪——每个人天生都渴望人见人爱，被别人喜欢、接纳，为什么这些孩子会有偏差行为，使别人觉得厌烦呢？

在帮助很多父母改善亲子关系的过程中，经过大约10年上万例个案，我终于发现，这些孩子是在成长过程中缺少了一些相同的东西，在心理学范畴里我首次把它们总结为"心理营养"，提出了"心理营养"这样一个理念。

从2001年开始，我就教导那些来咨询的父母怎样给孩子提供心理营养。当这些父母真正能够给孩子提供心理营养时，他们很惊奇地发现，孩子变得快乐有朝气，像得到滋养的种子一样，开始绽放生命的美丽。

给孩子心理营养，其实不难，这是一种能够使父母轻松，孩子也觉得非常快乐的教养方法。上万的孩子因此而改变，完全可以证明心理营养育儿法是实用的。

什么是"心理营养"

"心理营养"这个概念的灵感,其实来自"生理营养"。

一般来说,父母对于怎样给孩子补充生理营养知之较多,知道每个年龄段的孩子需要补充哪些营养素。当父母能够满足一个婴儿生理营养需求时,会看到婴儿到了四个月左右就会翻身,到了六个月左右就能够坐,到了七个月左右能够爬,到了一岁左右就可以自己走路了。

孩子从生下来开始,慢慢会翻身,会爬,会走,会跑会跳,最根本的原因是人类的天性,这是人类生命力的呈现,就像鸟会飞、鱼会在水里呼吸是动物的天性一样。

人类和动物不同的地方在于,人类不但有生理上的天性,还有心理上的天性,我把人类在心理上最主要的五种天性称为"五朵金花",具体包括:

第一,爱的能力,能爱别人和希望被别人爱。

第二，跟别人连接的能力。

第三，独立自主的能力，能够自己自由地做选择。

第四，有价值感，有对精神生活的追求，希望自己活得有价值、有意义。

第五，有安全感，能信任自己、信任别人、信任这个世界，最大的安全感是信任自己。

任何人只要得到了足够的心理营养，这五朵天性之花就会像走路一样，自然而然发展出来。因此，只要父母给足孩子心理营养，孩子的五朵天性金花就能美丽绽放——能够去爱，去连接，去选择，去追求价值感，也能够有安全感。

那么父母能够给孩子的最好的心理营养，究竟包括什么呢？我把它归纳为下面五个方面：

第一，无条件的接纳。

第二，能够得到重视，也就是说我必须知道我在你心目中是重要的。

第三，能够获得足够的安全感，以便能和重要他人分离。

第四，得到肯定、赞美、认同。

第五，能够找到自己的榜样和模范，通过学习和模仿他们，促进自己的成长。

本书将会为你讲解，为什么这五个方面的心理营养对孩子来说特别重要，以及怎样给予孩子这五个方面的心理营养，让孩子能够积极向上，追求理想，自信阳光。

太黏妈妈，怎么办？

做父母的，

很重要的一点，

就是要鼓励孩子，

相信自己的感受，

相信身体告诉自己的感受。

三岁之前的
孩子黏妈妈，
怎么办？

孩子如果太黏妈妈，该怎么办呢？

短暂分离的情况下，
如何处理？

♀

　　我们常常看到，三岁之前的孩子，尤其是不满一岁的时候，特别黏妈妈。这是因为不足三岁的孩子，安全感还没有吸收够，孩子还没有准备好跟妈妈分离。

　　一位妈妈，女儿一岁三个月了，特别黏妈妈，不管是妈妈洗澡、买菜，还是做饭，女儿都一直缠着妈妈，要妈妈抱；妈妈去卫生间，女儿会守在卫生间门口，不停地哭；就算是在玩玩具玩得非常开心时，只要妈妈一离开，女儿就会马上追上来……可想而知，妈妈分身乏术，感觉非常崩溃

孩子这么黏人，是因为孩子没出息吗？或者是因为妈妈做错了什么吗？其实不是的。这个年龄段的孩子，原本在心理上就是跟妈妈共生的。所谓"共生"，意思是孩子认为她跟妈妈是同一个人，所以当她发现妈妈不见了的时候，就会产生极大的恐慌，尤其是当孩子吸收的安全感不足时，孩子会有一种非常强烈的、被活生生分开或者"撕裂"的感觉。这种情况下，妈妈如果批评甚至打骂孩子，那么孩子黏人的情况只会越来越严重。因为孩子越没有安全感，就越喜欢黏着妈妈，这就陷入了恶性循环。可是，妈妈总有自己的事情要做啊！面对这么黏人的孩子，妈妈应该怎么办呢？

其实，只要按照以下三步来做就可以了——理解、接纳和回到孩子身边后的确认。

第一步是理解。我们要理解，孩子黏人的原因是"安全感不足"，只是需要补充心理营养而已。孩子有分离焦虑、黏人的表现，是非常正常的，跟"没出息"一点关系都没有。

第二步是接纳。在理解孩子之后，妈妈要通过具体的语言和行为，表达对孩子感受的认同、行为的接纳。首先要表达对孩子分离感受的认同，要让孩子知道："妈妈只是暂时离开，虽然现在我难过、伤心，但是很快我就能看到妈妈。"然后妈妈要表达自己能接纳孩子的行为和情绪，比如用手轻缓地抚摩孩子的后背，同时告诉孩子："不要怕，妈妈还在的，妈妈只是暂时离开一下。"然后放下孩子离开。虽然妈妈这样做的时候，孩子可能还是会哭闹，但并不说明这个方法没用。这个方法绝对是有帮助的，一次，两次，三次……慢慢地，孩子就能够理解："虽然我现在看不到妈妈，但是妈妈并没有消失，只是暂时离开，很快我就能再看到妈妈了。"需要注意的是，在安抚孩子的整个过程中，妈妈一定要保持平和的心态。平和与接纳可以表现在妈妈说话的语调里，比如温和而坚定地告诉孩子："我知道你怕，但是不用怕，妈妈还在，只是暂时离开一下。"

第三步是回到孩子身边后的确认。等回到孩子身边时，妈妈要对孩子说："看到了吧？妈妈回来了，现在抱着你了，你不用怕。"

只要妈妈一次又一次地重复这三步，孩子对于普通生活里常常发生的短暂分离就会逐渐适应，不会那么紧张了。

分离时间较长的情况下，
如何处理？

前面提到的是短暂分离的情况，还有一种情况是分离时间比较长。比如妈妈要去上班了，两岁多的孩子通常会哭得非常厉害，甚至抱着妈妈的大腿，央求妈妈不要走。

应对方法还是"三步走"——理解孩子，接纳孩子的行为，最后按照约定回到孩子的身边。其中最重要的还是妈妈的语调和行为，要温和而坚定地告诉孩子："妈妈要去上班了，妈妈知道你很难过，妈妈也很难过，也不想和你分开，但是宝宝不要怕，妈妈会回来的，等妈妈下班回到家，宝宝就会看到妈妈了。"

除此之外，还可以想一些办法，来缓解这种较长时间的分离给孩子带来的恐惧。比如可以给孩子一张妈妈的照片，告诉孩子，"如果你很难过，可以看看妈妈的照片"，或者"你想念妈妈的时候，可以抱抱妈妈的枕头，上面有妈妈的味道"。妈妈上班之后，则可以抽空给家里打电话，跟孩子说几句话。

另外，还可以经常做类似捉迷藏的游戏。比如拿一张纸，遮住妈妈的脸，然后突然拿开，通常这时孩子会哈哈大笑。这样做的目的是让孩子知道，虽然他刚才看不到妈妈，但妈妈并没有消失。又如，妈妈躲起来，让孩子去找妈妈，找到妈妈的时候，妈妈就抱住孩子，目的也是帮助孩子慢慢习惯"妈妈不在，但妈妈的爱还在"的感觉，帮助孩子理解和面对分离。

通过尝试前面分享的三个步骤，以及列举的一些小方法、小游戏，一般来说，孩子黏人的现象就会慢慢改观。

其实孩子太黏人，或者分离时哭得很厉害，妈妈不必过于担心，因为这不代表孩子的安全感一定出了问题。妈妈可以问问在家里照顾孩子的人，自己离开家以后，孩子是否不哭不闹了，或者虽有哭闹但很快可以安静下来玩耍。若是如此，表示孩子的安全感基本上是足够的。

孩子黏人，最根本的原因是安全感不足。那么除了孩子黏人的时候要恰当应对，在日常生活中，如何做才能给予孩子足够的安全感呢？首先，妈妈自己要情绪稳定，确保自己的语调和行为是温和的。其次，妈妈要注意夫妻关系。妈妈和爸爸的关系越和谐稳定，孩子的安全感就越强。最后，在确保环境安全的前提下，多给孩子为自己负责的机会，比如让孩子自由地爬、走路或者跑跳，准备自己的水壶，收拾自己的包包，整理自己的玩具……父母不要事事代劳，孩子越是行为自主、为自己负责，在面对分离的时候就越有安全感。

总之，孩子黏人时，家长不要去批评、责怪他，而是给孩子足够的安全感，那么等孩子过了三岁，分离焦虑或者特别黏妈妈的情况就会慢慢消失。

总结一下

当孩子出现黏人的表现时，怎样才能既不耽误妈妈做自己的事情，又不影响孩子的安全感呢？

第一，要理解这是孩子在成长过程中，非常正常的阶段和表现，不要责怪和批评孩子。

第二，要温和地对孩子表达"妈妈知道你很害怕，妈妈就在这里"，或者"妈妈很快就会回来了"。

第三，一次又一次分离，一次又一次重新回到孩子身边，孩子就能慢慢理解与妈妈的分离是正常现象，不再那么黏妈妈了。

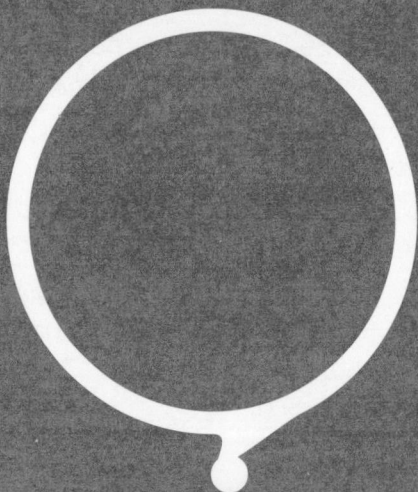

三岁之后的
孩子黏妈妈，
怎么办？

孩子到了四五岁甚至七八岁还很黏人，该怎么办呢？

我们首先来看，怎样判断给予孩子的安全感是否足够呢？

一个妈妈觉得女儿的安全感是足够的，因为在女儿两岁前她都全程陪伴。而且她也按照前述方法，每一次分离时都会告诉女儿"我很快就回来"，回来后会给女儿一个拥抱。可是现在女儿五岁半了，还是很黏她，跟女儿分开睡，女儿可以哭半个小时，当她要出门的时候女儿也会哭。

为什么妈妈觉得孩子的安全感足够了，孩子却还表现得那么黏人呢？

孩子的安全感足够，通常表现在其独立自主的能力上。在和孩子分离这件事情上，最终要看的不是妈妈的感觉，而是孩子的状态。比如临睡觉的时候，如果孩子一直哭闹，就表示孩子还没有达到安全感足够、可以独立自主的状态。

虽然从理论上来说，孩子的心理独立以三周岁为分界点，但是一般来说，在给予关注方面家长做得是足够的，在放手方面做得却不够。很多家庭对孩子太过关注，因而有太多焦虑，而这样的焦虑会让孩子觉得他是不安全的，他还不够好，还不能够独立自主。就我所知，如果孩子到了五岁能够分房睡，已经是非常好的了。如果在分房睡的时候，孩子的情绪非常不稳定，甚至能哭半个小时，那么家长就要有耐心给孩子更多的时间来适应过渡期。

不要因为理论上说到了三周岁孩子可以独立自主了，就一定要让孩子独立自主，要根据孩子的具体情况来判断，他的安全感是不是足够。如果孩子到了三周岁，安全感却不足，就要耐心等待，继续给他心理营养，直到他能够分离、独立。

如果孩子三岁以后还出现黏人表现，应该怎么做呢？

其实方法和对待三岁前的孩子是一样的。首先，不要批评孩子，而要理解孩子黏大人是在表达对安全感的需求。其次，要温和地对孩子表达"妈妈知道你很害怕，妈妈就在这里"，或者"妈妈很快就会回来"。这样一次又一次地重复，并且说到做到，让孩子树立"妈妈一定会回来"的信心。最后，在日常生活中，从三个方面给孩子足够的安全感：妈妈自己要情绪稳定；要注意和丈夫的关系；在确保环境安全的前提下多给孩子为自己负责的机会。

在分房睡的问题上，如何确定孩子的安全感已经足够？

如果不确定孩子是否有足够的安全感可以分房睡，那么可以跟孩子这样说："宝宝，妈妈觉得你已经长大了，我们要开始分开睡觉喽。"

首先，一定要渐进地试探。要让孩子先试试看能不能自己单独睡，而不是直接说"宝宝，你自己睡吧"，然后就走了。在孩子独自睡之前，还要特意做一些安抚动作，比如抚摩孩子的背，给孩子拥抱，还可以告诉孩子"宝宝，妈妈就在房间里"，等孩子睡着了，妈妈再走开。给孩子一个适应的阶段，过一段时间以后，可以说："宝宝，试试今天自己睡吧。"然后，妈妈关灯离开。如果孩子能做到独自睡，那么第二天早上一定要给孩子一个拥抱，告诉孩子："宝宝，你真的长大了，已经可以分房睡了。"在适应的阶段，妈妈的肯定、赞美、认同，自然是不能少的。

简单来说，要循序渐进。比如本来是同一个床睡的，先分床睡，然后再慢慢地分房睡；分房睡的时候，先陪着孩子睡，等孩子睡着了再离开，再慢慢过渡到孩子独自睡。

对于安全感不足的孩子，妈妈起身离开不久，即使是半夜，孩子也会起床找妈妈，这就表示孩子还没有做好独自睡的准备。如果妈妈离开的时候孩子会哭，那么重要的是看孩子哭多久，如果妈妈离开之后孩子就不怎么哭了，或者很快就不哭了，那就说明孩子的安全感是足够的，可以继续让孩子独自睡；如果妈妈离开以后，孩子一直哭，超过10分钟，就表示孩子的安全感还不太够。

孩子害羞
怕生黏人，
怎么办？

通常和孩子黏人相伴随的，是孩子怕生的问题。

有一个孩子快三岁了，在家里是很活泼的，可是一到外面就怕生，不允许家人之外的任何人抱他。很多家长都很疑惑：我家孩子不但黏人，还怕生，甚至害羞，容易退缩，该怎么办呢？

确实，对于有些孩子，不管妈妈如何解释和劝说，孩子还是会往妈妈身后躲，坚决不让外人抱，只让家人抱。那么，是否因为这些孩子经常自己玩，和亲戚朋友接触比较少，才会害羞怕生？让这些孩子多去接触一些亲戚朋友，是否就会好起来呢？

关于这个问题，首先要明确的是：每个孩子都是不一样的，都有自己的天生气质。

天生气质类型是一个非常大的话题，这里先介绍两种天生气质。

有一种孩子，是乐天型的。乐天型的孩子，在天性上很喜欢跟别人连接，而且连接得非常快——别人抱也行，逗也行，玩也行……所以他们可以很容易、很快速地跟别人交朋友，也很愿意和陌生人、亲戚朋友一起玩。这种孩子，一般在家里很活泼，在外面更活泼，是典型的性格外向的孩子。

还有一种孩子，是冷静型的。冷静型的孩子，从天性上来说是比较谨慎小心的。他们并非不能和别人连接，而是需要更多的时间去连接。他们没有太多冒险精神，一定要确保自己了解、熟悉别人之后，才愿意跟别人玩，与别人亲近。在感觉陌生的情况下，他们通常会躲起来。

很多父母非常担心冷静型的孩子，其实是没有必要的。做父母的，很重要的一点，就是要鼓励孩子，相信自己的感受，相信身体告诉自己的感受。

父母要耐心等待，等到孩子自己觉得可以让别人亲近他，可以去跟别人玩的时候。当孩子觉得还不行、不可以的时候，要允许孩子站在旁边观察，其他小朋友是怎样在一起玩的，是怎么跟大人相处的，大人之间是如何互相问候、聊天的……孩子会慢慢地观察、感受，然后得出自己的结论。当父母允许孩子这样做的时候，就等于允许孩子用自己的感官来做判断，这样孩子才能建立真正的安全感。

如果孩子的身体告诉他，还不确定是否安全，还可能有危险，但是妈妈强行要求孩子表现出非常开朗大方的样子，不断推拉催促孩子："让阿姨抱抱怎么了？阿姨想跟你玩呀！快去吧，没关系的！怎么这么害羞？太不像话了！再这样，我不带你出门了，下回你自己在家待着吧……"这其实是在告诉孩子：妈妈的威胁来了，你不能自己决定，要由妈妈来为你做决定；你不能相信自己的感觉，只能相信妈妈的话。这样的养育方式，其实违背了心理营养育儿法关于"给孩子提供足够的安全感"的其中一条原则——"父母要允许孩子根据自己的感觉，自己决定选择分离或独立"。孩子应该自己决定是离开父母去跟别人一起玩，还是留在原地先观察。目的就是要让孩子知道：你可以跟着自己身体的感觉，相信自己的感受。

有些妈妈可能还是担心，这会不会是一个问题呢？是不是因为我的孩子太内向了？

其实没有所谓的"太内向"。很多孩子在家里很活泼，只是到了外面才怕生。在熟悉、安全的环境下，孩子就会非常活泼。也就是说，之所以在外面怕生，是因为孩子觉得还不够安全。在这种情况下，是不适合推着孩子向外走的。

当然，如果能让孩子有机会多接触外人，那么对他是有帮助的。但即使带着孩子出去见亲戚朋友，也千万不要奢望冷静型孩子像乐天型孩子那样，能够很快地跟所有陌生人打成一片，一定要给孩子时间适应新环境。等孩子觉得安全了，自然而然就会与别人亲近，跟别人聊天或者一起玩。

要特别提醒的是，不要拿自己的孩子跟其他孩子做比较。要告诉孩子：你要相信自己，妈妈也相信你，等你准备好了就可以了。

单亲家庭的

孩子黏妈妈，

怎么办？

下面来探讨孩子黏妈妈的另一种情况——单亲家庭。

有一位单亲妈妈，女儿今年九岁了。前年她和丈夫离了婚，女儿归妈妈抚养。晚上女儿独自在家写作业，当妈妈外出买东西或有别的事情回来晚一些，女儿就会非常担心妈妈被坏人抓走不见了。那么，作为一个单亲妈妈，怎样补足孩子的安全感呢?

这个例子里有个关键的时间点，就是这位妈妈和丈夫离婚时孩子七岁。在孩子七岁之前，两个人的婚姻就已经有了很多问题，他们也一定曾努力想要挽救这场婚姻，结果还是在孩子七岁那年离婚了。可想而知，这个孩子的安全感肯定是不足的。如今，离婚已是既成事实，那这个孩子的安全感问题要怎么处理呢？

前面提到，给孩子安全感，要注意三个方面：第一是妈妈的情绪稳定，第二是处理好夫妻关系，第三是允许孩子做自己。现在，第二方面恐怕是无力挽回了，那就要专注在第一方面和第三方面。

妈妈自己要做到情绪稳定

既然离婚已经成为事实，那么离婚以后妈妈应该如何处理自己的情绪？能否比离婚之前活得更快乐呢？离婚可能会带来很多挫折感，如果妈妈能够把自己的情绪处理得很好，表现得很快乐，情绪稳定，看到这样一个妈妈，孩子就会有很多安全感。

所以对妈妈来说，很重要的一点，离婚与否并不是问题，离了婚以后能否做一个快乐的、管理好自己情绪的妈妈才是关键。想要达到这个目标，妈妈需要做以下几件事。

第一，对自己的离婚做一些梳理。无可否认，离婚一定会带来感情上的伤害，从妈妈的角度来说，常常会有挫败感和羞耻感。建议有负面情绪的离婚妈妈找心理咨询师谈谈，处理好这些负面情绪。

第二，做好经济上的管理。妈妈的情绪是否稳定，其实也和妈妈的经济能力有关。婚姻所带来的不安全感，可能会让妈妈过多地追求物质满足，因而在离婚后面临经济上的问题。所以不要奢望能在离婚后很短的时间里，达到和以前相同的经济状态。要先做好经济上的管理，不逼自己什么都有，有些东西可以延迟拥有。

第三，接纳离婚的事实。妈妈的情绪状态，跟能否接纳离婚的事实有一定关系。离婚，是为了让妈妈、爸爸、孩子都有机会拥有新的天空。对妈妈来说，接纳离婚的事实，是非常重要的。有的妈妈，不管是什么原因导致的离婚，她都完全不能接纳，所以离婚以后有非常多的抱怨。当妈妈抱怨时，孩子是非常没有安全感的，孩子很容易以为妈妈的不快乐和抱怨跟自己有关。特别要强调的是，离婚以后千万不要对孩子说："如果不是为了养育你，我不会那么辛苦。"如果妈妈常常对孩子诉苦："我现在生活很辛苦，都是为了你。"那孩子就会认为，自己活在这个世界上是多余的，会让孩子讨厌自己的存在。

所以关于离婚这件事情，一定要清楚地让孩子知道：这是因为爸爸妈妈的婚姻有了过不去的坎，跟孩子无关。而妈妈要做的就是管理好自己的情绪，成为快乐的妈妈。

妈妈要允许孩子独立自主

有些单亲妈妈，因为跟孩子相依为命，为孩子付出了很多，因而产生了一种心理——特别舍不得孩子独立自主。妈妈因为没有安全感，所以很想控制孩子，孩子和妈妈从而形成了不健康的依恋关系——都不独立，也不安全，彼此担忧，充满焦虑。这对妈妈和孩子来说，都是不好的。妈妈给孩子的一个重要礼物，就是放手让孩子高飞。比如孩子需要外出，那就给孩子机会，让他学会为自己负责，准备好自己的衣物、饮食、出行计划等。这会让孩子感受到：妈妈信任我，觉得我是安全的。

总结一下

对于单亲妈妈来说，很重要的两点：

第一，妈妈在离婚后要把自己的情绪处理好——接纳已经离婚的事实，消除离婚带来的挫折感和羞耻感，建立自己的兴趣爱好，尽量让自己情绪稳定。

第二，允许孩子独立自主，不要因为妈妈自身没有安全感，就不让孩子离开自己，不让孩子做自己喜欢的事情。

二胎家庭里的
老大黏妈妈，
怎么办？

有一位妈妈，大儿子九岁了，小儿子才四个月。自从有了弟弟，哥哥就开始变得叛逆、拖沓，做什么都要大人陪着。而弟弟出生以前，哥哥很少这样。

还有一位妈妈，因为自己精力有限，不能陪老大玩，所以跟老大讲了很多道理，比如"弟弟还小啊，妈妈是爱你的，我们一起来爱弟弟"之类的话，想要安慰老大，可效果却很有限。

二胎家庭里，因为有了弟弟或者妹妹，原本已经不黏人的老大，竟然又开始黏人了。其实老大有这样一些行为，目的就是要妈妈看见他，重视他。

在二胎家庭里，怎样才能让两个孩子感受到同样的重视与爱呢？

不仅仅是两个孩子的家庭，在有三个，甚至是四个孩子的家庭里，所有的兄弟姐妹在某种程度上都存在竞争关系。只是我们希望，这是一种良性的竞争关系，而不是恶性的。

什么叫作良性竞争关系？ 我看到其他兄弟姐妹很好，那我也要很好，我会自己努力，而且这种努力不会破坏我和其他兄弟姐妹之间的感情。这是良性竞争关系。

什么叫作恶性竞争关系呢？ 我会故意去做一些事情，或者故意说一些话，让其他兄弟姐妹受到伤害。比如，我会去打他们的小报告，拉他们的后腿，或者趁爸爸妈妈看不见的时候欺负他们……总之，用一些偏差行为来得到父母更多的关注。这就是恶性竞争关系。当一个孩子觉得自己无法用正当方法得到更多注意时，就会伤害别人——比如打弟弟妹妹，说他们的坏话，故意找他们的麻烦；或者是伤害自己，做出一些让父母觉得厌恶的举动；甚至更严重的情况，让自己的身体生病、受伤，从而吸引父母的注意力。

案例中两位妈妈遇到的，其实还不算是非常糟糕的竞争关系。因为哥哥很明显只是希望妈妈能更多地注意他，用更多的时间来陪伴他。他想要的其实非常简单，就是要确认一件事——"就算弟弟出生了，妈妈还是会像以前一样爱我、重视我"，这样就足够了。他只是需要一段时间来证实这一点。

那么妈妈怎样给予老大重视呢？

方法一：每天给予老大15分钟专注的个人时间。

妈妈不需要对老大、老二做相同的事情，比如怎样照顾弟弟，就怎样照顾哥哥。哥哥需要的，是妈妈能够满足他被重视的需求，妈妈只要每天给哥哥15分钟专注的个人时间就可以了。

在这每天15分钟专注的时间里，妈妈可以做些什么呢？要特别提醒的是，妈妈不要在这段时间里，跟哥哥说类似"我们两个人一起来照顾弟弟"这样的话，因为对于一个非常想要得到重视的孩子来说，这样的话是没有任何意义的。哥哥希望拥有的是自己和妈妈一对一的时间。在这段专注的个人时间里，哥哥完全"拥有"妈妈，爸爸不会来和他抢妈妈，弟弟也不会来和他抢妈妈。

在这15分钟里，妈妈要对老大进行真诚的倾听并给予回应——九岁的孩子是有很多话可以跟妈妈说的，也可以陪他一起玩游戏、读书、做作业等。这些方式都可以，也非常重要。

方法二：和老大一起翻看他小时候的照片。

弟弟出生以后，哥哥能亲眼看到妈妈是怎样对待弟弟的。但是，已经长大的哥哥，一般不记得自己小时候，尤其是三岁之前的事，所以他不知道妈妈为他做过同样的事情。

因此，妈妈可以和哥哥一起，翻看他小时候，尤其是三岁之前的照片，向他讲述照片背后的故事。比如，他出生后第一次笑，是什么样子的；他第一次自己走路，是怎么走的；他第一次唱歌，唱的是什么歌；他第一次去公园里玩，玩的是什么；他拥有的第一辆玩具小汽车，是怎么玩的……多跟哥哥讲讲他小时候的故事。通常一两个月之后，哥哥就不会再去黏妈妈，会恢复到弟弟出生前的状态。这时妈妈对哥哥说，"咱们一起来照顾弟弟吧"，哥哥很可能会愉快地配合。

哥哥只有确定自己是被重视的，才能够放心地去爱他的弟弟。否则，若妈妈只是跟他说"弟弟还小，你要让着他"，或者"妈妈精力不够，顾不上你"，是无济于事的。

总而言之，哥哥需要确定的是，他像原来一样是被重视的，而这个"一样"并非给一模一样的东西、受到一模一样的照顾，而是给他一些个人的专注时间，在这个时间里没有弟弟，也没有爸爸，只有妈妈和他在一起，陪伴他，听他说话，和他一起看小时候的照片，回忆小时候的故事。

02

胆小被欺负，怎么办？

父母是谁、

父母创造的家庭

氛围是什么样的，

是孩子人格形成的

一个非常重要的部分。

孩子被欺负
却不还手，
怎么办？

孩子被欺负，比如被别人家孩子打了，往往是父母最不容易冷静面对的。很多父母认为，凡是碰到这样的事情，需要孩子毫不犹豫地还击。

到底要不要还击，其实要有很多方面的考虑。比如，自己家孩子年龄多大，打他的人又有多大？所谓"好汉不吃眼前亏"，在孩子和打他的人实力相差很大的情况下，最好的方法就是赶快跑，然后去告诉大人，让大人来帮助他。这种情况下如果孩子直接打回去，有可能受到更大的伤害。所以不能一概而论。

同时，也不能教导孩子走向另外一个极端：不管在什么情况下，都不能还击。这也是不对的。如果孩子无论在什么情况下都不能还手打人，就会让孩子感觉非常憋屈。

特别对于男孩子来说，当他经常被欺负时，有时候真的需要还手，即使打不过也要打回去，男孩子需要有这样一种感觉——我有能力保护我自己，特别是在一对一的情况下。

所以，可以教导孩子：如果别人不动手，我们也绝对不动手；如果别人动手，那么是打回去还是找大人帮忙，需要分辨情况、相机抉择。遇到孩子被欺负的情况，家长不需要太过担忧，因为孩子的社交能力就是从实际冲突中学习和提升的。

孩子年龄比较小的时候和别人有冲突，怎么办？

一般来说，孩子在六岁之前，和同龄或者相差一两岁的小朋友一起玩时，所遇到的各种冲突，比如抢玩具、玩游戏争先恐后等，家长尽量不要去干预，要让孩子自己处理。听听孩子想怎么说、怎么做，如果不妥当，可以教导孩子"遇到这种情况，你可以说……你可以做的是……"然后退到一边，让孩子自己处理。

哪怕孩子觉得自己说不过别的小朋友，或者对方声音很大，家长也尽量不要干涉。可以在家里让孩子先练习怎样说，引导和鼓励孩子把他内心想要表达的用语言表达出来。通过这样的方式，引导孩子在跟别人的冲突中，学会表达自己，争取自己想要达到的目标。

同时，告诉孩子要尊重自己，自己想要表达的都可以讲出来，但是不要用攻击性、指责性的语言。不要害怕和别人争论，因为争论产生的原因就是"我有一个看法，你有一个看法，我们的看法不同"，双方可以把自己的看法说出来，只是表达看法时，不要用恶毒的、攻击性的语言，这些是需要孩子去学习的。

孩子被其他人联合起来欺负，怎么办？

有时候，在学校里，有些孩子成为好朋友之后，确实会联合起来欺负那些比较内向、孤独、缺乏自信的孩子。比如，在没有任何原因的情况下，他们会突然推某个孩子一把，打他的头，把他按倒在地上，或者抢他的书、笔、书包，这是一种明显的欺负行为。

遇到这种情况，一般来讲，孩子靠自己的能力是处理不了的，因为对方有好几个人，这时需要家长帮助孩子。比如可以先教导孩子告诉欺负他的人："你们这样对我已经很多次了，我对你们的容忍已经足够了，如果再发生这样的事情，我会告诉我爸爸妈妈，他们会来找你们的。"

如果他们漠视这样的警告，甚至变本加厉地欺负我们的孩子，那父母就要去学校找到这些孩子，告诉他们："你们这样对待我的孩子，我已经知道了，我再给你们一次机会，希望你们不要再这样无礼地对待他，要能够和他成为好朋友，甚至可以保护他。如果欺负他的事情再发生，我就会告诉你们的家长，也会通知学校老师去处理。"

父母处理这件事情的过程，也是在向自己的孩子做示范，遇到这样的事情应该如何面对。不要讲一些难听的话，要实事求是地告诉那些欺负自己孩子的人："这样的行为非常过分，十分不应该，是必须停止的，如果再发生，我绝对不会再给你们机会了。"如果这些孩子被劝说以后还是继续欺负人，父母有必要采取行动阻止他们。

孩子经常被欺负，
怎么办？

♀

如果孩子确实常常被学校里的同学欺负，说明孩子有可能是平时表现得特别不自信。几个孩子联合起来，通常会欺负怎样的孩子呢？一般是找比较孤独、缺乏自信、不懂得表达自己的孩子。所以帮助孩子建立自信，是需要父母特别重视的事情。

一般来说，有两种孩子是比较自信的。

一种是父母允许孩子在生活中独立自主，能够为自己的生活做决定的孩子。所以父母不能包办孩子的事情，要让孩子在生活中有一定的自主权。比如，交朋友时，用怎样的态度、选择怎样的朋友、怎样做是比较适合的，这些都可以由孩子自己决定；允许孩子拥有很多选择权利，包括购买自己喜欢的东西、安排自己的活动日程等。父母尽量不要干涉太多，要让孩子根据自己的能力、爱好、兴趣，去做自己能够承担责任的事情，这样的孩子才会比较自信。

另一种是经常被肯定、赞美、认同的孩子。孩子的优点、特点，孩子对家人的小小帮助，孩子好的行为和言语等，都能被父母看见，孩子在家里能够经常得到父母的肯定、赞美、认同，而且是建立在事实上的真心实意的肯定、赞美、认同，孩子就会比较自信。

所以，心理营养足够的孩子可以拥有自信的性格，这样的孩子有两种情况：一种是从小就被允许在安全的情况下为自己负责的孩子，另一种是常能得到肯定、赞美、认同的孩子。这样的孩子是自信的，越是自信的孩子就越不会被欺负，这是从根本上帮助孩子不被别人欺负的最佳方式。

孩子总是迁就避让别人，怎么办？

有一位妈妈，儿子四岁半了，以前几乎不和其他小朋友一起玩。他不知道怎样与小朋友交流，别人叫他的名字，他也经常不回应。最近他愿意和小朋友一起玩了，可是妈妈发现，他总是特别谦让、迁就、避让别人，而且不能坚持自己的想法，有的小朋友总会欺负他，他不知道怎么办，也不反抗，觉得委屈就会扑到妈妈怀里哭。妈妈很心急，也很心疼，不知道怎么办才好，怀疑是不是因为自己对孩子管教太严造成的。

首先来谈一谈一个孩子的人格形成。孩子人格的形成，主要来自两个方面：一是天生的气质，二是后天的培养。

第一，天生的气质。

比如，对于冷静型孩子来说，他们的人生最想要的就是能够与别人和睦相处，能够平平安安、快快乐乐、平静生活。一般来讲，这样的孩子性格温和，非常好相处，如果没有人去招惹他，他自己从来不惹事，几乎不会去做什么破坏性的事情，或者和别人有什么特别的冲突。

这样的孩子，特别在乎的就是安全感。所以他们面对一个新环境时，一定是先观察这个环境里的人，而且会观察足够长的时间。到底观察多久呢？不同的孩子的观察时间是不同的，总之要等到这个孩子觉得非常安全之后，才会跟别人交往。

这个案例中的孩子有可能就属于这一类型。先前他只是在旁边观看，估计已经观察了很长一段时间，现在终于向前迈出了一步，愿意主动跟小朋友一起玩了。这个时候要先去肯定孩子的进步，虽然只是一点点进步。比如告诉孩子："你进步了！你比以前更加勇敢了！我看到你虽然有点怕，但还是愿意跟其他小朋友玩。"然后，引导孩子遇到问题时可以跟妈妈讲，一起讨论如何处理。

第二，后天的培养。

人格的形成来自天生的气质和后天的培养。也就是说，一个人不会完全固定在天生气质里，后天的培养对人格形成是非常重要的。后天的培养指的是什么呢？孩子基本上都在原生家庭里长大，父母是谁、父母创造的家庭氛围是什么样的，是孩子人格形成的一个非常重要的部分。

所以，如果父母希望孩子更加勇敢，面对挑战和被别人欺负的困境时知道该怎么办，那么除了观察孩子的天生气质是倾向于激进型还是冷静型，接纳和尊重孩子的天生气质以外，还可以在后天培养上发力——增加这个孩子的安全感。有安全感的孩子，不仅能够准确表达自己，在面对危险时还知道应该怎样处理，这恰恰是通过家庭的影响能够做到的。简单来说，就是父母怎样培养孩子，对孩子人格的形成具有重要影响。

心理营养有两个部分：一是要给孩子足够的安全感，二是要给予孩子肯定、赞美、认同。一个孩子在小时候能够吸收到很多安全感，又能够被允许去尝试，哪怕犯错、失败，他知道在他的身后有父母支持，不管什么时候，父母都能理解他、肯定他、教导他。一般来说，这样的孩子在人际关系上是最自由的，能够表达自己真正的意愿，又能够勇敢地对别人说"不"。

总之，孩子的人格形成主要来自两个部分——天生的气质和后天的培养。父母是否用足够的心理营养来培养孩子，是关键的问题。面对不同性格、不同年龄、不同情况的孩子，父母要用不同的方式来解决问题。

有一位家长，儿子五岁七个月，性格内向害羞。这位家长说，他能够接纳孩子的先天气质，只是他很担心，孩子不懂得维护自己的权利。比如，别人拿了他的玩具，他虽然也很想玩，但是不敢去要；别人欺负他，他也是逆来顺受，不知道反抗。现在这位家长很担心孩子上学以后会被欺负。怎样才能让孩子学会维护自己，对不合理的事情学会反抗呢？

首先，这位家长能够接纳孩子的先天气质，先给他点一个赞。

一般来说，有两种先天气质的孩子——冷静型和奉献型——被欺负也不会还手，除非别人真的动手打他或者是弄伤他，否则这两种气质的孩子都是得过且过，就这么算了，不会过多计较。

冷静型孩子非常想跟别人和平共处，所以会觉得"反正我没有受伤"，回家也不愿意跟父母讲。

奉献型孩子非常在乎人际关系，而且非常希望别人喜欢他，觉得他是一个很好的人。奉献型孩子愿意付出很多，只要不是万不得已，真的是被欺负得很厉害、身体受伤的话，他们都不会还手。

所以对于冷静型和奉献型孩子，要教导他们学会保护自己，最重要的就是保护自己不受伤。

另外还有三种先天气质的孩子：激进型、乐天型和忧郁型。

激进型孩子有仇必报，如果被欺负是肯定会还手的，所以被欺负这样的问题一般不会出现在激进型孩子身上。激进型孩子常常是你打我一下，我要还你两下。

乐天型孩子就不一定，有可能会说出来，也可能不会说出来。不说出来，一般是因为欺负他的是他非常在乎的人，这样的孩子认为"关系大过天"——如果我跟这个人关系好，不管他怎么对我，我都是可以容忍的。

　　忧郁型孩子如果被欺负，他们常常会表达，就算不跟家人表达，也会用自己的方式去表达。

　　因此，了解孩子的先天气质是非常重要的一件事。比如案例中的这位家长，他能够接纳孩子的先天气质，接纳他的内向和害羞。当然他也提到，担心孩子被欺负，想知道怎么教导孩子维护自己，对不合理的事情学会反抗。

　　其实，五岁多的孩子，还无法从道理上分析一件事情到底是不是合理的。对这个年龄段的孩子，我们需要教导他的是两件事。

　　第一，要让孩子分清楚这个东西到底是自己的还是别人的。

　　如果是孩子自己的东西，那就告诉孩子，你有权利对自己的东西做出决定。比如一个玩具，别的小孩喜欢玩，那么问问自己的孩子：你愿意让他玩吗？凡是属于孩子的，不管是他的时间、玩具还是故事书等，孩子自己都可以做决定。父母不要武断地告诉孩子，"别人抢你的东西，你一定要抢回来"，或者"一定要让别人马上还给你"。这样教导孩子是很危险的。孩子自己的东西，就让他自己来做决定——我要不要跟这个人说，我要不要拿回来，等等。

第二，要让孩子明白，自己做了决定是要承受后果的。

孩子做决定时要拿捏的度，主要是看孩子自己的感受。比如玩具被别人抢走了，如果孩子自己非常不开心，就要教导孩子，即使无法把玩具要回来，至少也要告诉抢玩具的孩子："这是我的东西，你不可以这样做。"这需要孩子用自己的感受来做判断。

判断一件事情是否合理，需要分析很多因素，孩子在这个年龄一般还无法理性地分析，除了通过自己的感受做判断，还可以根据别人的情绪来判断——比如对方现在的情绪是怎样的？是让他先玩一会儿再告诉他"我让你玩一会儿，然后你要还给我"，还是马上告诉他"现在就还给我，不然我会告诉老师"？如果真的去跟他要回玩具，可能会发生什么事情？应该怎样表达自己的意思？如果别人就是不归还玩具，应该怎样做？孩子为人行事，都可以通过自己的感受和别人的情绪来做判断。

总结一下

　　第一，要了解并接纳孩子的天生气质。

　　第二，要教导孩子：什么东西是你的，你有权利支配；什么东西是别人的，别人有权利支配，要分清一个物品是"你的""我的"还是"他的"，要有非常清晰的界限感。

　　第三，你的东西，就算你有权利支配，也要根据自己的感受和对方的情绪，选择要做什么，怎么样去做。

熊孩子欺负人，
熊家长护短，
怎么办？

有一次在国外，在一个专家宿舍里，有一个五岁的男孩，他的妈妈就在旁边。然后一个大约两岁的小女孩过来玩，这个男孩一把扯住了小女孩的头发，扯得很用力，小女孩马上就哭起来了，但是男孩的妈妈袖手旁观，一句话都不说。当时我正好路过，就走上前把这个男孩拉开，非常严肃地对他说："以后如果再让我看到你扯这个小女孩的头发，我会打你的。"这个男孩马上跑到他妈妈身边。然后我就带着这个小女孩（其实不是我们家的孩子）让她回家去了。

有一种孩子被称为"熊孩子"，这类孩子的父母则被称为"熊父母"。如果熊孩子调皮、欺负别人，熊父母就装作看不见；如果别的家长训斥熊孩子，熊父母就会跳出来，说自家孩子还小，不懂事，没关系的……碰到这样的熊孩子、熊父母，应该怎么办呢？

这要看别人家孩子所谓的调皮、欺负是何种情况。如果这个孩子只是说话很凶，或者只是抢玩具、抢东西，那么我的建议是：先看看我们的孩子怎么表达自己的意愿，他想怎样处理，处理得是否恰当。可以先让孩子体验一下，当有人欺负他时他要怎么做，这样做了以后他的感觉怎么样。然后父母再教导孩子，下次遇到这样的情况，可以怎么办。

如果对方欺负人的情况比较严重，比如做出捏孩子的脸、扯孩子的头发、打孩子的头等伤害性的行为，同时因为孩子比较善良，个子相对比较矮，或者年龄比较小，而没有办法去反抗，这时家长就要出手去阻止欺负人的孩子了。

当然，阻止的时候要谨慎。因为要训导的是别人家的孩子，而他的父母又在旁边——我们都知道，任何一个孩子的父母，即使自家孩子做错了事，听到别人批评时都会不高兴。所以训导的时候要非常小心，讲话的语气可以是气愤的、有力量的，但是措辞上一定要注意，不要出口伤人，不要攻击和贬低别人家的孩子和父母。比如不要说"你爸妈没有教你吗""你怎么这样没有教养""你真是坏孩子"之类的话。最好实事求是地说："孩子，你刚才所做的，我都看见了，你的行为是伤害性的，是不恰当、不被允许的，以后你不可以再这样做。"

当然有可能即使我们这样说了，对方的父母还是会跳出来说："我家孩子还小，不懂事，没关系的。"我们可以说："我是觉得这非常有关系，才对您说的，如果觉得没关系，我也不会说。"这样说完以后，也别奢望对方父母会欣然接受。毕竟，做父母的看到自家孩子被别人批评，心里肯定是不舒服的。要有这样的心理准备。

孩子乖巧胆小害羞
处于弱势，
怎么办？

有一位妈妈，女儿五岁了，在上幼儿园之前以及刚上幼儿园时，好像不知道怎么跟其他小朋友玩。现在有几个小朋友经常和她一起玩，她还是这些孩子中最乖巧的一个，别人的玩具她总是玩不到，而自己的玩具常被别的小朋友玩，她总想求助妈妈。另外，她遇见叔叔阿姨时从不打招呼，并不是没礼貌，只是特别胆小，很在意别人对她的注意。

其实，胆小、内向的孩子还是比较多的。

对于这类孩子，父母一定要有耐心。比如，在称呼长辈方面，如果别人跟你说："你家孩子怎么不叫人呢，是害羞吗？"你千万不要跟着别人一起说："是啊，我们家孩子太内向、太害羞了，在家里还挺健谈的，到了外面就不好意思说话了。"你可以尝试这样说："她并不是害羞，她只是还没有准备好，等她准备好了就会主动说了。"这样说，是让孩子知道，我们做父母的能理解她，也支持她。所以，千万不要在别人面前批评自己家的孩子胆小、害羞，越是被批评，孩子越不敢做，即便说什么，也是回家再说。在外人面前，如果自家孩子没有做出伤害性的行为，那就简单讲明，我家孩子其实挺好的，只是还没有准备好，这样就可以了。

另外，父母一定要关注自己家孩子能够做到的事情，对孩子的每一次进步，哪怕是小小的进步，都要真心真意地去欣赏、肯定。想要孩子往哪个方面发展，在他做得到或者是有一点点进步时，一定要肯定、赞美孩子。

要注意的是，不要一直盯着孩子有没有达到父母心目中的目标。如果孩子没有达到这个目标，父母就指责孩子，或者不断地担心和焦虑，这样对孩子的学习和成长一点好处都没有。

比如案例中的这个孩子已经五岁了，以前不会和小朋友玩，也不知道怎么和别人一起玩，现在已经有了几个小伙伴，能够经常一起玩。对此，妈妈反而一直担心，自己家的孩子太乖巧了，玩不到别人的玩具，自己的玩具却被别人玩，感觉自己的孩子吃亏了。不玩别人的玩具，重要吗？其实一点都不重要。自己的玩具被别的小朋友玩，有问题吗？如果孩子自己不介意，她的玩具被别的小朋友玩，那完全是可以的，这也没什么问题。

父母要做的，就是一次又一次地鼓励孩子。比如可以告诉孩子，以前她一个朋友都没有，也不懂得怎样和其他小朋友在一起玩，而现在她能够和其他小伙伴一起玩，这已经是很大的进步。通过反复地告诉孩子：你现在会和别人一起玩了，你现在懂得怎样跟别人说话了，你现在可以跟别人分享了……那么孩子就会慢慢进步。

所以首先要做的，是看看孩子能够做到什么，然后用行动、语言真心真意地对她的每一点进步给予明确的肯定："看，你今天又进步了。"你会发现，自己的孩子会越来越好。

如果孩子真的因为玩不到别人的玩具而不开心、很想玩别人的玩具，那么父母可以教导孩子怎么说、怎么做。但是如果孩子自己不愿意做，也不愿意说，建议父母不要帮孩子做，比如不要帮孩子去跟其他小朋友说"能不能让我玩一下"之类的话。

这是孩子学会适应社会的阶段，如果总有父母出手帮忙，孩子就会学得很慢，孩子力所能及的事情，要由孩子自己来负责。要告诉孩子，如果你不愿意主动说"能不能借给我玩一下"，那么别人就不会知道你想要玩，也不会主动给你玩。如果孩子不敢说，那就告诉孩子"等到你敢说了再去说"。父母不要批评孩子"你怎么这么胆小呢"，也不要帮孩子做，只是告诉孩子这是她自己的事，她一定要学习如何为自己想要的负责。

至于孩子的玩具要不要分享给别人玩，可以由孩子自己来决定。如果孩子不愿意分享，我们可以告诉别人"她还想玩一会儿"，或者"你玩一会儿以后，就要还给她了"。

从这个过程中，孩子可以学会接受延迟满足或拒绝，以及延迟满足别人的期待，这都是自然而然的。因为没有伤害性事件发生，所以不需要父母出手帮助。这样孩子慢慢就能学会怎样跟其他小朋友相处。玩具是否给别人玩，真的不重要，而孩子的社会化——能够与别人顺畅地沟通，准确表达自己的意思，才是最重要的。

03

不会交朋友，怎么办？

连接，

是孩子的天性。

阻止孩子和他人连接的，

是他对陌生环境的害怕和不确定。

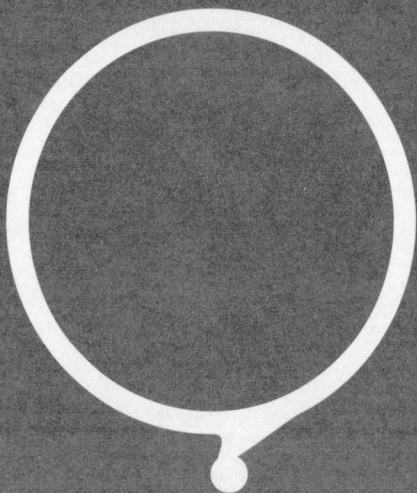

孩子不主动和
别人一起玩，
怎么办？

人有五大天性，其中心理上的天性是人都需要和其他人连接，天性会推动我们在这个世界上至少找到一个人，不管是身体、心理还是感情，都希望和这个人进行连接。

一般来说，当一个孩子得到足够的心理营养，健康成长时，和他人的连接是没有问题的，人际关系会比较良好。

当然，因为天生气质不一样，有些孩子特别喜欢和人交往，需要交很多朋友才觉得快乐；也有一些孩子不需要交这么多朋友。但无论是外向还是内向，也无论是哪种天生气质，孩子都需要和他人连接和交往，避免因连接得不到满足而带来的孤独感和寂寞感。

和他人的连接，对一个人的自信和快乐都非常重要。

如果孩子不能或者不会和其他小朋友一起玩，不会交朋友，那该怎么办呢？

有一位妈妈，女儿两岁五个月。在朋友聚会上，比自己女儿小的孩子，都能够和其他大姐姐打闹玩耍，玩得非常开心。自己的女儿只是站在旁边看别人玩，不愿主动跟其他小朋友一起玩，但是妈妈叫她走，她又不肯离开。所以妈妈非常纳闷，为什么女儿只站在旁边看，想玩却不去和别人玩呢？

碰到这种情况，可以从三个方面来应对。

第一，循序渐进，从交一个朋友做起。

孩子可能是因为到了一个陌生的环境，遇到的人她一个都不认识，所以感到陌生和害怕。在这种情况下，如果父母看到自家孩子比较内向、害羞、保守，没有那么多冒险精神，可以用一种循序渐进的方法，先打破孩子对环境和人的陌生感。简单来说，就是从简单的事情做起——比如先交一个朋友，慢慢再结识两三个朋友，孩子就能逐渐融入更大的群体了。

比如，父母可以刻意在左邻右舍或者幼儿园的小朋友中选一个孩子，这个孩子的性格是比较大方、包容的，不会粗暴地对待其他小朋友，人际关系比较好。可以去观察这个孩子、跟他聊天，再邀请他跟自家孩子一起玩。自家孩子看到，爸爸妈妈已经跟这个小朋友打过交道了，很好相处，就会愿意跟他一起玩。

交到一个朋友以后，可以让孩子主动邀请小朋友来家里玩。在熟悉的环境里和新朋友一起玩，可以慢慢增进友谊。和新朋友熟悉后，可以通过这个小朋友，介绍和邀请其他小朋友来玩，孩子的朋友就会越来越多。

关键有两点：第一，先从认识一个朋友开始，这个朋友可以是邻居小孩，也可以是幼儿园相识的小孩；第二，先从孩子比较熟悉的地方——比如在自己的家——一起玩开始，然后可以去熟悉的小朋友家里一起玩。

连接，是孩子的天性。阻止孩子和他人连接的，是他对陌生环境的害怕和不确定，所以可以用这种循序渐进的方法，让孩子逐渐能够和越来越多的人交往。

如果孩子比较胆怯或者退缩，需要先建立一个相对比较安全的环境，对他来说，至少要有一个因素是确定的——在安全的环境中或者有安全感的人在身边，然后他才有勇气去冒险，在不太确定的环境里和不太熟悉的人交往，这需要一段时间。

第二，多带孩子参加朋友聚会，给孩子创造更多适应新环境的机会。

第三，父母自身不要包办太多，也不要过于严肃。

不管是内向还是外向的孩子，只要孩子的心理营养足够，交往能力就没有问题，只是内向的孩子需要花更多的时间。如果发现孩子在人际关系方面的确有障碍，那么父母就要审视自己的教育是否出了问题。

什么样的父母会导致孩子在人际交往上出现障碍？

一种是包办太多的父母。如果父母总是给孩子做安排，帮孩子做选择，那么孩子人际交往能力的发展一般会比较慢。因为他们在日常生活中没有得到足够的自由可以为自己做一些选择，这样的孩子遇到陌生的环境和人时，就会比其他孩子更容易退缩。

　　另一种是太过严厉的父母。这类父母对很多事情有太多教条，对孩子的管教特别严厉，使孩子在人际关系上更加害怕、退缩、孤僻，不敢和别人太亲密，以减少自己的情绪问题，避免被父母指责。

　　所以，如果看到孩子在人际关系上不像其他同龄孩子那样愿意主动连接，甚至比性格内向的孩子更容易退缩，那么父母要检视自己，是否包办太多，或者对孩子太严厉了。

　　总的来说，影响孩子人际关系主动性的主要因素是安全感。有安全感的孩子，在人际关系主动性上只有强弱之分，但是不会有问题，多给他一点时间，他自然而然就会主动跟别人连接。除了在家里给孩子补足安全感心理营养外，还可以从熟悉的环境、熟悉的人开始，给孩子更多安全感，帮孩子更好地与人连接，学会和新的朋友交往。

孩子既想和小朋友玩又害怕，怎么办？

有一位妈妈，儿子快三岁了，是个比较敏感的孩子，不喜欢和小朋友一起玩。妈妈带他去早教机构上课，因为教室里有小朋友，他就拒绝进教室，可是回到家之后又吵着要去上早教课。妈妈感觉儿子非常矛盾，内心很想去上课，却又有所顾忌，那么该如何引导他呢？

一般来说，不满三岁的孩子还没有完成内在建设，安全感不足，还没有达到可以跟家人尤其是和重要他人——妈妈——分离的阶段，所以这个孩子去早教班时拒绝进教室，必然是因为觉得不安全和害怕。他看到教室里有不认识的小朋友时不愿意走进教室，但是回家以后又说想去，其实这是他对教室和其他小朋友友好、正向的反应，说明他有兴趣参与，只是还没有到可以离开妈妈，去和别的小朋友一起玩的程度。

在这种情况下，妈妈可以用循序渐进的方法来帮助孩子适应新环境。比如，妈妈可以带着他慢慢去熟悉陌生的小朋友，哪怕他只是安静地站在旁边逐渐熟悉环境——先熟悉教室，再熟悉教室里的其他小朋友，然后去观察这些小朋友之间互动的情况。妈妈可以观察一下，教室里哪个小朋友友善随和，更容易接纳其他人，就坐在这个小朋友身旁，让自己的孩子坐在另一边。先让孩子看到妈妈怎样跟这个小朋友互动，感受到这个小朋友能够友好接纳其他人，观察这个小朋友如何跟别人互动，再邀请自己的孩子跟这个小朋友进行交流互动。

实际上，孩子还没有达到可以完全离开家的程度，他愿意去教室就已经非常好了。所以不要奢求孩子一下子进步太多，孩子每天只要有一点点进步，越来越能接纳陌生的小朋友就可以了。周末在家时，可以邀请邻居家孩子来做客，也可以经常带着孩子去邻居家串门，这样孩子就会更容易接纳家庭以外的人。

孩子不懂得维护
自己的权利，
怎么办？

有一位家长，有两个女孩，姐姐五岁，妹妹两岁。姐姐先前是由别人代养的，没有在父母身边长大，所以内在能量不足，不太懂得维护自己的权利。有了妹妹以后，父母在一个老师的建议下，通过明确玩具的所有权，帮助姐姐增强维护自我的意识。

妹妹一岁半之后，会抢姐姐的玩具或者去触碰姐姐，导致冲突事件频繁发生。姐姐只是大声喝止、责怪妹妹，但不敢还手，也不敢使出力气跟妹妹抢，所以还是抢不过妹妹。

家长注意到，可能是冲突发生时大人常说"大的就应该让着小的"，这种态度影响了姐姐，导致姐姐不敢维护自己的权利，所以近期调整了态度，鼓励姐姐制止妹妹，对妹妹直接还手。但是姐妹之间的冲突更激烈了，姐妹俩经常因为抢玩具闹得不可开交，感觉都不像一家人了，这让家长很是苦恼。

这位家长说，有很多二胎家庭并没有这样极端的物权划分，比如只区分物品的所有权，而不区分使用权，姐妹俩都可以玩；或者家里的玩具全都公用，谁先拿到谁先玩。他感到很困惑，到底是否应该明确物品的所有权，如果应该明确，那正确的做法是怎样的？

一般来说，确实可以通过明确玩具或者其他东西的物权，来帮助孩子增强维护自我的意识。但是也不要走极端，不是所有东西都需要明确划分物权。

对于孩子非常在意的一些东西，刚买回来时就要明确：姐姐给一个，妹妹也给一个；或者给姐姐某一个，给妹妹另外一个。对有些东西要特别说明"这个是你的"，让孩子明确知道这是谁的。如果不是自己的玩具，想要玩就不能去抢，只能请求别人同意或者拿自己的玩具去交换。

交换玩具或者请求别人"我很想玩，能不能让我玩一下"，是为了让孩子有界限感，形成一种意识：有些东西是我的，而另外一些东西是你的。当然，妹妹才一岁半，也许不太能明白"这个东西是我的，那个东西是你的"，因为"我的、你的"这种概念，一般要到四岁以后才能真正理解，所以跟一岁半的妹妹去谈这个问题，恐怕无法让她真正明白所有权的含义。

但是这对于五岁的姐姐是有帮助的，会让姐姐意识到："原来有些东西是我的，我拥有它的所有决定权，如果我不愿意，那么别人包括我妹妹，都不能抢我的东西，除非征得我的同意。"在这个案例中，明确物权对姐姐的帮助更大。可以教导姐姐，让她能够温和地坚持所有权，以及什么东西可以坚持所有权。凡是属于她自己的东西都可以坚持，但是属于妹妹或者其他人的东西，就不能说"我一定要把它抢过来"。

当然，并非所有的玩具都必须这样明确归属于谁。一般来说，有一些玩具可以特别明确属于姐姐或者妹妹，谁想要玩就要得到允许；还有更多玩具是"公共的"，属于全家，谁想要玩都可以玩，就看谁先拿到，并且每次只能拿一个玩，直到不想再玩时才可以拿别的玩，不能够同时玩好几个玩具。

这其实跟社会的模式是相通的。在成人社会中，有些东西是属于"我的""你的""他的"，但也有一些东西大家都可以用，用时要讲究公平原则，轮流使用，不能霸占公共物品，将公用挪为私用。这样以家庭为单位模仿社会规则，从东西的所有权来说就是：既有我的东西，也有我们的东西。在这个前提下，要让孩子知道：即使这个东西是我的，但是分享出去，一份快乐就能变成双倍的快乐。

"这个是我的""这个是我们的""分享很快乐"，在孩子很小时，可以通过一些日常小事教导孩子形成这种意识。

比如，这本书是我的，我阅读以后感到很快乐，如果我分享这本书给另外一个人看，那他也会很快乐。通过分享，让更多人受益，同时也让自己增加很多快乐，这样的价值观需要在家庭里多多推动。平时妈妈可以示范如何分享，比如"这个东西很好吃，我分一个给你吃""这个玩具很好玩，我玩过以后也让你玩""我很快乐，我也希望你快乐"。

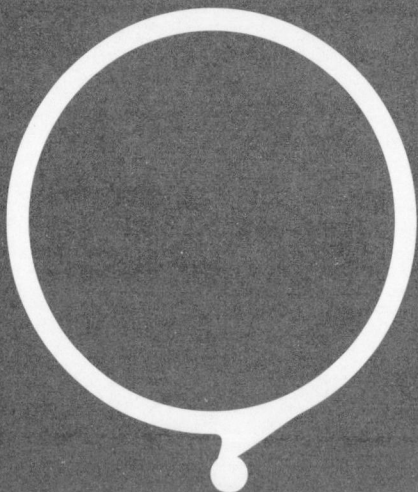

孩子受欺负
逆来顺受，
怎么办？

有一位家长从小就教导女儿，不要跟小朋友争吵、打架，即便是别人不讲理，也不要发生直接冲突，而且绝对不能动手，要把情况告诉大人　上小学一年级时，女儿被同桌欺负得很厉害，告诉了老师，但是当时老师误解了她，从此女儿就逆来顺受，即使被别人欺负得很惨也完全不反抗，而且回家也不告诉父母　直到现在，女儿已经17岁了，这位家长才知道当年的事情，非常后悔当初的教育不当，以及对孩子的忽视　他很困惑，孩子小时候受的欺负，现在是否仍然对孩子影响很大呢？应该怎么教育17岁的女儿呢？

对于这个问题，首先要关注现在的女儿是怎样的一个孩子。

如果现在孩子的"五朵金花"开得很好，在人际关系方面没有问题，在安全感、独立自主方面也没有问题，说明这件事虽然可能对孩子有一点伤害，但是孩子已经慢慢成长，跨过了那道曾经伤害她的坎。她可能已经明白，当时发生的事情是那个欺负她的孩子出了问题，而且她自己可能也领悟到，如果再碰到同样的事情，她可以做些什么。

过去发生的事情，并非一定会影响孩子，到底是否会给孩子带来很大影响，主要看现在她的人际关系如何，她和别人交往时是否自信。如果孩子在交友方面存在一些困扰，比如当人家对她不友善或者欺负她时，她不太清楚如何表达、维护自己，那么父母可以教导她一些方法，比如告诉她："你现在已经长大了，可以告诉别人，别人做什么、说什么会让你觉得不舒服。"

面对喜欢欺负人的朋友，孩子可以有两个选择：

一是不要花时间和精力在这个人身上，直接远离这个人。对于那些想要欺负你的人，不需要跟他争论什么，远离就好，让他们尝到被厌恶的后果——如果他们的态度不友好或者欺负别人，别人完全可以忽略和漠视他们。

如果这个人是孩子在乎的朋友，有时候会做一些让孩子非常不舒服的事情，但是孩子又非常在意这份友情，那就教导孩子学会"一致性沟通"——表达自己时尽量不要去指责对方，但也不用讨好对方，可以直接这样说："当什么事情发生的时候……我觉得……我希望……我相信……"

第一句讲："当什么事情发生的时候……"

第二句讲："我觉得……"比如："当你没有征得我的同意就直接拿了我的东西去用时，我会觉得不舒服。"

第三句讲："我希望……"比如："我希望，如果你想要借用这个东西，可以先来问问我。"

第四句讲："我相信……"这句一定要讲正面的东西，比如："今天我之所以会告诉你这件事情，告诉你我的感受和期待，是因为我相信我们的友情能够走很远。""我相信，如果你能够先征得我的同意，我非常愿意借给你。"总而言之，最后一句必须是正面的。

所以，我们的孩子，特别是那些比较善良、内向的孩子，要学会用一致性沟通的方法来和别人沟通，否则他和别人的友情不会长久。

最后，如果经过这么长时间，一年级时发生的受欺负事件，对孩子的影响仍然很大，那么可能就是一个创伤事件，需要寻求专业的心理咨询师的帮助。孩子现在能够主动告诉家长，说明这件事情可能已经过去了，家长只要尽量倾听就可以了。

孩子拒绝跟别人
一起玩，
怎么办？

有一位妈妈，带着三岁的大宝到楼下玩滑板车，一个五岁的女孩过来说："我可以跟你一起玩滑板车吗？"大宝回答："不可以，我不跟你一起玩。"妈妈就跟小女孩说："弟弟还没准备好。"之后小女孩又过来了两次表示想要一起玩，可是大宝依然说"不可以"。妈妈认为应该尊重自己的孩子，不能强迫他分享。因为这是他的滑板车，他不愿意分享就不分享。但是妈妈总感觉有点不好意思，而且很困惑应该如何问大宝才能知道他不想一起玩的原因。

首先要肯定这位妈妈，能三次允许孩子拒绝别人。孩子不愿意分享，妈妈允许他这样做，这一点做得非常好。

孩子确实需要一点时间来肯定自己的所有权，这是建立界限感非常重要的方法。如果孩子非常不愿意把自己的东西借给别人，或者坚持不跟别人一起玩，那就不要勉强他。这样孩子从小就知道，他的东西、意愿能够被尊重。清楚地知道哪些东西是我的，对于我的东西我有权利支配，这对孩子来说非常重要。

当然，一方面要让孩子明确知道有些东西是他的，另一方面也要让孩子知道分享是一件非常美好的事情。在适当的时候可以鼓励孩子，把自己的玩具借给别人玩，跟别人一起玩，或者交换玩具玩。

这个案例中，孩子表示不愿意一起玩，妈妈就对小女孩说"弟弟还没有准备好"，这样讲已经足够，不需要讲其他的，因为小女孩也要学习"可以被拒绝"——虽然我有一个意愿，但别人并非一定要答应我、满足我。其实，这个小女孩做得也很好，她没有来抢玩具或者强迫弟弟跟她玩，而是一次又一次地询问，她也是在学习或者体验尊重别人的意愿。大宝没有恶意，只是不想跟小姐姐一起玩，他也在学习和体验自己的所有权。这对双方来说都是有所收获的。

至于大宝为什么不想跟小姐姐一起玩，妈妈可以回到家问大宝，比如："今天妈妈看到你不愿意跟别人玩，为什么呢？为什么姐姐这么有礼貌地过来问了你三次，你还是不愿意呢？"不管孩子怎么说，倾听就可以了，因为原因并不重要。

孩子三岁时要在社会关系里做各种尝试，妈妈要做的就是允许孩子进行这样的尝试和决定。不管孩子说了什么、做了什么，父母都要接纳。

当然，也可以问问孩子，下次如果有别的小朋友再想跟他玩时，他能否尝试跟对方分享玩具。引导孩子去体验分享的快乐。

自己觉得很好，又能够帮助别人，让别人也能从中得到很多快乐，这本身就是一件非常美好的事情。因此，可以鼓励孩子分享，但原则是不强迫，只是引导孩子。至于孩子不想分享的原因是什么，并不重要。如果孩子屡次拒绝分享，妈妈也不要觉得不好意思，这是孩子学习社会化的一个重要过程。

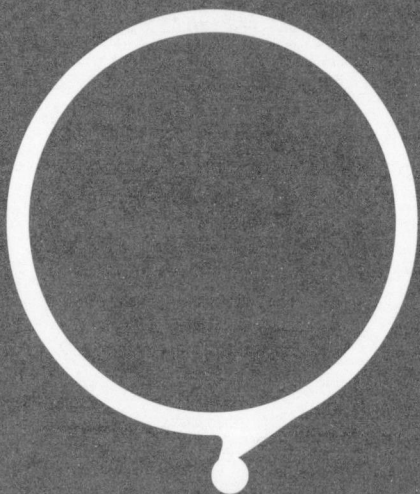

孩子不分场合喜欢拥抱别人，怎么办？

有一位妈妈，儿子七岁了，很喜欢拥抱别人，不分场合，也不管别人是否愿意，甚至有一次因此导致别的小朋友受伤。平时别人和他说话时，他的眼神非常游离，不会看着别人。现在妈妈已经有了第二个宝贝，爸爸又经常不在身边，不怎么管孩子。这位妈妈问，对七岁的儿子应该怎么办呢？

这个七岁的男孩，很有可能属于乐天型孩子。

乐天型孩子，非常渴望在身体上和别的小孩或者大人相互连接。这类孩子，如果在家里很少有机会跟爸爸妈妈进行身体接触，比如拥抱、牵手等，就会产生一种"皮肤饥渴"，不知道怎样跟别人进行适当的连接。这个七岁的男孩，爸爸常常不在身边，所以很少有机会跟爸爸互动。他非常喜欢拥抱别人，不管是谁，不管什么场合，也不管别人是否愿意，那么很可能跟妈妈的身体接触也是不足的，才导致孩子在与他人身体的连接上失去了分寸。

所以，建议妈妈一定要多跟孩子拥抱，哪怕孩子现在拥抱的方式妈妈不太适应，比如抱得太紧，抱得太多，抱的时候太过热情，而妈妈本身可能不是那么热情的人……孩子要抱妈妈的时候，妈妈最好不要拒绝，而且一定要多多主动拥抱孩子。

在拥抱孩子时，妈妈可以教导孩子，怎样拥抱是比较舒服的。可以引导孩子拥抱的时候采用不同的方式，比如一下子冲过来用力地给一个熊抱，或者是缓缓地走过来给一个轻柔的拥抱，问问孩子，不同的拥抱方式给他的感觉是怎样的。父母还可以用力地去抓孩子的手，然后非常温和地把手搭在孩子的手上，或者轻轻握着孩子的手，让孩子感受一下，哪种方式会让他感觉更舒服。

总之，要在肢体接触上让孩子体验不同方式的差异，既满足孩子在皮肤上和别人连接的需要，又能够让他学到和别人相处的适当方式。

还有一个问题，就是在跟别人交流时，这个孩子的眼神非常游离。既想拥抱别人，而眼神又非常游离，说明孩子在人格发展上还是比较危险的。现在孩子已经七岁了，如果妈妈不注意，孩子整个上学阶段就会有很多麻烦。妈妈一定要给孩子足够的心理营养，同时要接纳他的性格——非常注重人际关系，常常通过肢体接触的方式表达人际关系，同时非常需要别人的注意。这就需要妈妈和孩子多说话，多拥抱。

第二个宝宝已经到来，妈妈一定非常累，但是无论如何一定要记得多多关注老大，不能因为老二的到来就忽略他。这个孩子的眼神经常游离，就是一个非常需要妈妈注意的信号。妈妈要给老大专注的、单独陪伴的时间，每天15~30分钟即可。可以玩一些肢体碰撞的游戏，比如让孩子走远再让他跑过来，然后一把抱住他。通过玩这个游戏，孩子能够感受到，妈妈跟他是连接的，妈妈是喜欢他的，这对孩子的帮助会非常大。

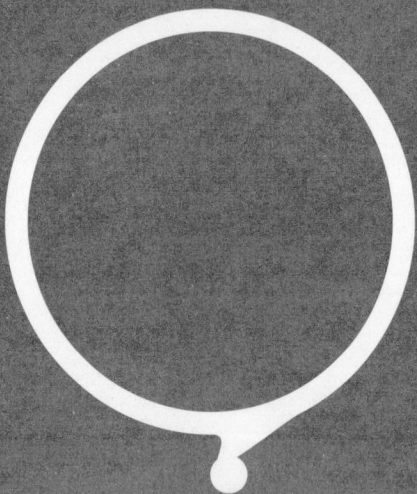

孩子常常被
排斥孤立，
怎么办？

　　有一位家长说，孩子已经17岁了，不擅长人际交往，常常被排斥、孤立，孩子因此有很多负面情绪，应该怎么办呢？

　　在孩子17年的生活中，不管是在学校外还是学校里，如果常常被其他同学排挤，都会带来很大的挫败感，而这种挫败感很容易演变为愤怒。那些非常容易愤怒的青少年，很多时候掩藏的就是挫败感。这种挫败感来自父母和同学不恰当的对待。

　　在家长对这个孩子的短短描述中，可以看到这个孩子的"五朵金花"都没有开放。他的第一朵金花——爱的能力——在内心是有的，但是无法在人际关系里把温暖和爱表达出来，也没有办法收到别人的爱，所以才会在人际关系里面对这么多问题。他的第二朵金花——连接的能力——肯定很弱。第三朵金花——价值感——也肯定是不足的。这个孩子在外面一直被排挤，在家里一定也受到了很多批评。因为那些在家里常常被肯定的孩子，相对比较阳光，而阳光开朗的孩子在朋友圈里一般比较受欢迎，在学校不太会被排挤。他的第四朵金花——安全感——也不会好多少。最大的安全感来自孩子相信自己不比别人差，相信别人可以做到的自己也能够做到。如果在学校中常常被排挤，他怎么会相信自己和别人一样好，又怎么会信任自己呢？他的最后一朵金花——独立自主——同样如此，所谓的独立自主并非一个人独来独往，而是一个人能自己做选择并为自己的选择负责任。

孩子的五朵金花都没有开时，一定会产生很多负面情绪。如果是比较有能量的、外向的孩子，就会攻击别人；如果是比较内向的孩子，就会退缩逃避。无论是攻击还是退缩，都不是好的应对方式。

五朵金花不开，说明孩子从父母那里吸收的心理营养严重不足。以下几种父母较难给予孩子充足的心理营养。

第一种是追求完美的父母。完美主义的父母，批判性强，总会看到孩子做得不好、做得不足的地方，很难肯定、赞美、认同孩子。

第二种是非常强势的父母。强势父母的特征就是"只有我说，没有你说"。父母说什么，孩子只能听从，不能有自己的看法和意见。这会伤害孩子的价值感，伤害孩子独立自主这朵金花。

第三种是包办一切的父母。包办的父母一般也是非常焦虑的父母，为孩子做所有的决定，或者孩子做什么都要在自己非常细致的指导下进行，才觉得安心。所以包办一切的父母，多是没有安全感的父母，养出的也通常是没有安全感的孩子。

第四种是非常冷漠的父母。有些父母基于自己成长经历的缘故，对孩子虽然有很多爱，但是无法表达出来，相对来说表现比较冷漠。孩子对父母有亲密的需要时，父母无法给予回应，常常让孩子感觉父母不愿意亲近自己。而孩子没有办法分辨出冷漠的背后是有爱的，以为父母冷漠是因为"我不可爱，我没有价值"。所以面对冷漠和拒绝的父母，孩子的价值感就会大大降低。

第五种是太忙碌的父母。他们把孩子交给别人养育，孩子没有办法、没有机会、没有时间跟父母产生足够多的连接，就会觉得自己被忽略了，而经常被忽略的孩子，在内心深处也会觉得自己不可爱，觉得自己没有价值。

所以，面对这五种类型的父母，孩子常会觉得心理营养不足，从而产生很多负面情绪，于是天性的金花就无法盛开了。

孩子融入环境比较慢，怎么办？

有一位妈妈说，女儿今年四岁了，每次进入一个新环境，不论是否熟悉，女儿都要很久才能融入，见到别人，不论是否认识，都不爱打招呼，好像很害羞，而一旦熟悉以后又会玩得非常疯。听到别人称赞妈妈漂亮时，女儿就会说："妈妈，难道我就不漂亮吗？"听到别人称赞另一个孩子很聪明时，女儿就会问："难道我不聪明吗？"妈妈称赞其他孩子很勤劳时，女儿会问："妈妈，难道我不勤劳吗？"妈妈说，女儿说话做事速度都很快，有时候根本听不清楚她说的是什么。妈妈很想知道，女儿到底属于什么气质，应该怎么引导。

融入环境比较慢，其实是性格的原因。一般来说，比较内向的孩子进入一个陌生环境，确实需要较多时间才可以融入，而且比较害羞，也不爱打招呼。他们最需要的就是熟悉环境，一旦熟悉了就能够完全放开自己。这类孩子的社交能力、专注能力一点问题都没有。性格谨慎小心的孩子，融入的时间比胆大的孩子略长一点，这真的不是问题。胆大的孩子固然有更多冒险精神，但是胆小的孩子三思而后行更让人放心。所以父母不用焦虑，接受孩子的天性就好，引导胆大的孩子有更多安全意识，给胆小的孩子足够的安全感。

孩子质问"难道我不漂亮/难道我不聪明/难道我不勤劳吗"，这是很正常的。因为四五岁是孩子自我意识开始觉醒的阶段。这个阶段的孩子最想知道的，就是我自己到底是个怎样的人，我和别人是不是一样好。这是一个非常自然的自我探索过程，只是有些孩子没有说出来。妈妈其实不用那么担心。

每种天生气质都会在孩子身上有所表现，只是占比多少的问题，一定有一种天生气质占比最多。孩子谨慎小心，并不意味着做事说话就不能够快，因为孩子有可能既是冷静型又是忧郁型，而忧郁型孩子做事比较快。因此父母不能单从孩子的一次行为或者语言就给孩子贴标签。要学习接纳孩子的天生气质，不管孩子是外向还是内向，不管是乐天型还是忧郁型，父母都要接纳。父母要观察孩子，关注他的天赋，帮助孩子在擅长的方面做得更好，至于孩子比较缺乏的气质，可以刻意地后天培养。孩子在面对不同的人、不同的情况和事件时，有很丰富的资源可以去应用，这才是最重要的。

♀4

内向被动不爱表现，
怎么办？

父母要关注孩子

在人际关系上的每一次努力，

不管尝试的结果怎样，

都要肯定、赞美、认同孩子。

孩子内向胆小
不爱表现，
怎么办？

内向和外向都属于人的天生气质。人格的形成主要来自两个部分：一是天生气质，二是后天培养。五种不同的天生气质，大致可分成两大类：一种是内向气质，一种是外向气质。

说孩子"内向胆小"其实是有问题的，因为其中包含了对内向孩子的排斥。很多人觉得孩子内向不好，我想特别强调的是，从天生气质来说，内向的孩子有内向的优势。因为内向的孩子人格比较沉稳，思考比较周密，需要完备的计划、十足的把握才会去做事，所以内向的孩子没有那么积极主动，是因为他需要先观察，对陌生的人和环境有更多了解。

内向不等于胆小。真正天生气质内向的孩子，内心是非常强大的，只是不像外向孩子那样，能在很短的时间内投入陌生的环境跟陌生人交往。但这只能说是不同天生气质的原因，而不能说内向的孩子就一定胆小，或者不爱表现自己就是有问题的。内向的孩子真的想去表现自己时，会把后果、风险、各种可能性考虑周全，所以计划更加周详、行动更沉稳。

所以要搞清楚的是，孩子到底天生气质内向，还是天生气质外向却被后天培养为内向。

孩子天生气质外向却被后天培养为内向

如果内向是后天培养出来的，可能有两个原因。

一个原因是孩子被保护得太好了。那些被包办了所有事情、被保护得太好的孩子，常常会收到父母的暗示，比如"你不行，你还做不到，你会有危险"，所以这些孩子的焦虑、顾忌很多，害怕自己做得不够好或者被别人排斥，没有勇气表现自己。另一个原因，是孩子缺乏人际交往的方法。之前从来没有人教导他怎么和同龄的小朋友交往，所以在他和别人交往的过程中，面对排斥、嘲笑后，变得内向胆小。

如果孩子是由于后天培养而变得胆小、退缩，那么建议从两个方面来补充心理营养。

第一，要给孩子足够的安全感。

如果孩子真的不会交往，父母要教给他人际交往的一些方法，跟他多聊天，让他在家里多训练，并且鼓励他："孩子，你可以去看看，我相信这些小朋友是欢迎你的。""孩子，你是不是很想一起玩呢？那你可以去试试看，你也可以玩得很开心。""我相信这些小朋友很乐意和你一起玩。"

父母不要按照自己理想中孩子应该有的表现去要求孩子。"你太内向了/你太不大方了/你胆子太小了/你好害羞啊……"不要这样暗示孩子，要不断给孩子足够的支持、安全感，告诉他"我相信你，你可以的"。

只要孩子有足够的安全感，能够独立自主，他的那朵连接的花就能开得非常好。不管是内向还是外向的孩子，都需要和别人连接，只是外向的孩子喜欢跟很多人连接，而内向的孩子虽然也跟人连接，但不会像外向的孩子连接那么多，只会去交那些能够深入交流的朋友，这也是外向天生气质和内向天生气质的不同。

第二，要给孩子足够的肯定、赞美、认同。

孩子每次努力尝试后，父母要强化他在人际关系上的进步："今天你交到一个朋友了。""今天你能够跟大家一起玩了，我看到你们玩得很开心。"如果希望孩子能更好地表达自己，不管他什么时候跟别人讲话，都要肯定他，告诉他今天做得很好，今天做得比之前好。永远不跟别人比，只跟他自己比。

总之，对于天生气质外向却在人际关系上特别容易退缩的孩子，可以通过增强安全感和肯定、赞美、认同，去帮助孩子不断进步。

孩子天生气质内向

○

如果孩子天生气质就是比较内向的，那么怎样帮助他在适当的场合更加开放一点，在他原有的内向天生气质基础上加一点外向元素呢？内向的孩子并不是一点外向的能力都没有，内向和外向只是比例多少的问题，所以可以做一些引导。

方法一：可以让孩子多参加一些集体活动。比如几个家长联合，经常组织家庭聚会，让孩子很简单地和同龄孩子一起玩，在相对安全的环境中享受跟朋友、同伴玩耍的乐趣。当然也可以让孩子去早教班发展其社会化能力。

方法二：可以刻意让孩子认识一两个人际关系比较好、性格开朗、身体健康的同龄小朋友。这样的孩子比较懂得怎样跟内向或胆小的孩子一起玩，也可以起到示范作用。可以告诉这些小朋友："非常高兴看到你能够跟我们家孩子一起玩。"

方法三：父母要多多陪伴内向的孩子，多带他出去玩。内向的孩子也有玩乐的兴趣，只是外向的孩子玩得更疯。内向的孩子比较保守，但并非不爱玩。因此父母要多花时间带孩子出去玩，玩的时候尽量让孩子很快乐地享受这个过程。越是内向的孩子，父母越要耐心、温和。

内向的孩子在表达方面一般不像外向的孩子这么快速、直接，所以对内向的孩子一定要有耐心，关注他做得到的，千万不要对他有过高的要求。在孩子表现出害怕的情绪或行为时，父母一定要淡定。有些父母一看到孩子有害羞、害怕的行为，反应就很剧烈，孩子反而更加内向胆小了。

父母要关注孩子在人际关系上的每一次努力、每一次进步，行为上每一次愿意尝试的大胆表现，不管尝试的结果怎样，都要告诉孩子："你已经在尝试了，我觉得你进步了。"

总之，首先要接受孩子的天生气质，要看到内向孩子的优势，明确地认同孩子的优势，比如告诉他"你特别沉稳""你做事计划性很强"等。在后天的培养中，要看孩子是否缺乏心理营养，如果缺乏就要及时补充。即便孩子天生气质内向，也能通过后天的培养，比如多参加集体活动，学习人际交往的方式，让孩子与人连接的天性发挥得更好。

孩子内向
不爱学新东西，
怎么办？

有一位家长，孩子五岁了，性格相对内向，但在比较熟悉的环境下会表现得很开朗。对于学习新事物，开始时常常表现出抗拒，不愿意学，也很难强迫他，而一旦进入学习状态倒是学得不错。怎么让孩子对新事物有更多兴趣呢？

这个孩子的天生气质可能偏内向，在感到比较熟悉、安全之后就会表现得很开朗，学习新事物只是开始时抗拒，一旦进入学习状态之后还是学得不错的，因此这个孩子基本没有问题。

父母要做的就是给孩子多一点时间，去熟悉环境、熟悉新事物。孩子并不缺乏学习动力，如果希望他在一开始就对新的、陌生的、不确定的事物感兴趣，可以从以下几点入手激发孩子的兴趣。

第一，让孩子感受到学习新事物可以提升某些能力。

兴趣从何而来？孩子之所以会对新事物感兴趣，是因为他发现要学的东西跟自己的生活直接相关，学会之后能增加某些能力，所以才会感兴趣。

比如孩子想要学习新的词汇，是因为能够用更多词汇提升自己的表达能力，更好地表达自己，让别人了解他。孩子其实非常想提升自己的能力，希望每天不断成长。所以新事物对孩子来说有没有好处、是不是有用，这是父母要关注并且可以想办法来帮助孩子产生兴趣的关键。

当然，孩子如果天生就对某些方面，比如音乐、数学、阅读等特别感兴趣，那就不需要特别去培养，只要支持孩子去发展就可以了。

如果想鼓励内向的孩子多去探索新事物，可以刻意调动孩子的感官和操作方面的体验，让孩子自己去听、去触摸、去动手，这对孩子的帮助会非常大。

第二，让孩子感受到学习新事物可以获得刺激感。

激发孩子兴趣的另一种方式，就是让他觉得学习新事物能够获得某种刺激感。比如那些讲故事的高手，讲故事时会设置悬念，让你去猜、去想，让你感到紧张，最后才会揭晓答案。同样，在学习新事物的过程中，同样会产生悬念，孩子专注于解开谜底，身体的肌肉会先紧张后放松，这样能够大量舒放孩子的情绪能量。对于这种有刺激感的学习，孩子通常会很感兴趣。

第三，让孩子感受到学习新事物可以很快乐。

还有一种激发孩子兴趣的方式，就是从学习中感受到快乐、美妙、兴奋。那么如何让孩子在学习的过程中觉得兴奋而不是沉闷，快乐而不是痛苦呢？

如果孩子在学习时觉得越来越痛苦，哪怕是他本来很喜欢、天生有兴趣的东西，不愉快的学习过程也很有可能把这些东西变得非常无趣，把孩子的天赋也打压了。比如孩子本来很喜欢弹钢琴，但因为父母要求孩子不断重复弹某支曲子，而且一直告诉孩子还不够好，这样就把孩子的兴趣浇灭了。如果孩子能够从学习中获得很多快乐，自然会对学习过程充满兴趣。所以父母要思考，怎样才能让孩子在学习中获得愉悦感。

除了以上激发兴趣的几个方式之外，孩子愿意学习新事物的一个重要原因，是与重要他人关系很好。如果孩子能够在学习中获得重要他人的心理营养，那么孩子在学习时就会增加动力。比如，孩子也许本来并不喜欢数学，但是因为他的重要他人——爸爸——很喜欢数学，为了获得爸爸的肯定、赞美、认同，孩子愿意模仿爸爸，对数学也特别感兴趣。

孩子内向胆小
不敢当众发言，
怎么办？

有一位家长，女儿快九岁了，性格比较内向，在学校不愿意说话，平时和同学的语言交流比较少，做什么事情都不主动，班上的同学也认为她不爱说话。在课堂上她不敢回答老师的提问，也不敢当众表达自己的观点和想法。有时，老师要求每个同学都必须上台做交流分享，她就会特别紧张、特别有压力，所以总是想不去上学来逃避。父母给她做了很多思想工作，安慰和鼓励都没有用。孩子不敢当众说话、交流，应该怎么办？

这个孩子可能天生内向，但仅仅天生内向不至于导致这样的表现，因为所有的孩子，无论是内向还是外向，都是相对的。外向的孩子，只是更愿意主动去表达自己。在课堂上完全不敢上台和同学分享交流，这不仅仅是天生气质的问题，可能还有其他原因。

比如，在后天培养过程中，父母可能非常不愿意接纳孩子的性格，比如经常批评孩子、给孩子贴标签，认为孩子很胆小、不敢去表现、说话太慢、声音太小等，有意无意地将孩子的情况恶化了。因为内向的孩子在表达上原本就不会那么主动，也不会那么快。如果父母总是说"你太不大方了/你太害羞了，长此以往你的人际关系肯定不好"之类的话，就会让孩子更胆怯。

所以孩子不爱说话、不敢表达，不仅因为天生内向，还有可能和后天培养有关——父母在心理营养方面可能给得不足。对此，建议家长做到以下三点：不要伤害孩子的自尊，不要在语言上羞辱孩子，不要展现出过多的焦虑。在此基础上，再给孩子多一些心理营养。对于12岁之前的孩子，父母坚持这样做几个月，一年左右孩子就会有明显改善。虽然内向的孩子不像外向的孩子那样积极主动表现自己，但在生活中的语言交流方面没有任何问题。

对于案例中的孩子遇到的情况，在老师要求轮流分享时不敢去做，妈妈可以做些什么帮助孩子呢？

第一是接纳。要接纳孩子目前的情况，然后把注意力转移，不要总盯着孩子没有做到的，要去看孩子做到了什么。至于孩子能够做到什么程度，不要太苛求完美，要接纳孩子的不足，接纳孩子与其他孩子的不同。不要指责和批评孩子。为什么要接纳孩子的不足？因为如果不接纳，情况可能会恶化。妈妈可以告诉孩子："妈妈知道，你很想去改变，不过不要紧，我们慢慢来。"一定要用语言和行动表达对孩子的接纳。

第二是重视孩子。当内向的孩子在表达上有困难或者说话比较慢时，要重视孩子，愿意花时间倾听孩子。每次不管孩子讲什么，父母都要表现出非常在意的态度，耐心倾听。可以告诉孩子："不要紧，慢慢来，我会在这里安静地听你讲完。"父母千万不要在孩子想讲又不敢讲，或者讲得比较慢时，表现出烦躁情绪。当父母愿意倾听时，孩子会一点一点慢慢地说出自己的想法，表达就会越来越流畅；如果家长急躁，孩子就会讲得越来越糟糕。

第三是给孩子安全感。在安全感方面父母要注意两点：一是语气态度要温和，二是允许孩子做一些尝试。

对待内向的孩子，父母一定要温和，允许孩子在生活中自己做决定、对自己负责。不能因为孩子性格内向，做事或者反应比较慢，就认为孩子能力弱，为孩子包办所有的事情。

第四是肯定、赞美孩子。 不要戴有色眼镜盯着孩子的内向和不足，要换个角度看待孩子，多看看孩子每一次的努力和进步，不管结果怎样，都要肯定孩子的努力，赞美认同孩子。比如"宝贝，今天你讲得特别好，我觉得你进步了""你这样讲，妈妈觉得特别感动"，多多鼓励孩子，孩子会很有成就感，更愿意努力去改善。这样的孩子迟早会进步。

第五是家长做好示范。 家长可以给孩子示范，比如给孩子讲自己遇到的事情，问问孩子听了以后有怎样的感觉和想法，然后让孩子也讲讲自己一天的所见所闻，比如学校发生的事情，孩子随便讲就好。父母要耐心倾听孩子的话，不要打断或者评判，也不要趁机教导孩子。除非孩子向父母请教该怎么办，才需要解答孩子的疑惑。等孩子全部讲完后，可以告诉他"孩子，今天你跟我讲这些，我觉得讲得特别好"，或者是"妈妈听了以后，觉得你讲得非常明白"。这样让孩子每天给父母讲一件事情，父母也给孩子讲一件事，通过不断交流，孩子就能够逐渐学会表达，家长给予的认同和赞美会让孩子更有动力去进步。

孩子在外内向
在家打人，
怎么办？

有一位妈妈，孩子三岁半，性格有点内向，在家一不乐意就要打人。如果妈妈打她，她还说"不疼"。但是她在幼儿园就很乖。幼儿园有小朋友过生日时，她不像其他小朋友那样积极，总是一个人在最外边站着。怎样让孩子在幼儿园变得主动一点？对于孩子打人的行为，应该怎么做？

打人，跟性格内向没有关系。真正性格内向的孩子，多是谨慎小心的人，一般不会出手打人。这位妈妈的孩子，在幼儿园很乖，不那么积极，但也不会去跟别的小朋友起冲突或者是有破坏行为，所以在幼儿园没有什么大问题。

这个年龄的孩子，最需要的是重要他人给她的肯定、赞美、认同。建议这位妈妈，多多关注孩子的积极面和做得比较好的地方，不要过多关注孩子做得不好的地方。父母希望孩子活泼、主动、积极，如果孩子没有做到就批评她，对孩子是不利的。

父母千万不要看到孩子外向就嫌她太张扬，看到孩子安静就嫌她不够主动。为什么这么说？因为这很可能是孩子在家里打人的原因。

这个孩子比较内向，在幼儿园很乖，在家里却一不乐意就打人，恰恰表达了孩子内心有很多愤怒。妈妈打她时，她很倔强地说"不疼"，意思就是"我不怕你打"。孩子这么小，父母教导她，她却故意顶撞父母，露出一种很倔强的表情，或者故意做出"我不想听、我懒得听"的表情，表现得满不在乎，是因为孩子心里不服气，有很多的愤怒。

内向的孩子为什么会有这么多愤怒的情绪？这些愤怒的情绪，到底要告诉我们什么呢？孩子愤怒时到底想说什么，可能连孩子自己也不知道。但是从心理学角度来讲，孩子表达愤怒其实是在说"不"。

一个是身体上的"不"。比如这个孩子被妈妈打时说"不疼"，她肯定是疼的，但为什么说不疼呢？其实就是非常愤怒地表达：我不要让你知道我害怕！这恰恰表现出孩子是很害怕的，她觉得妈妈这样打她是不对的，她的身体是不接受的。

　　一个是心理上的"不"。也就是说，孩子在心理上、感情上要讲一个大大的"不"。比如她觉得自己被忽略了，或者她觉得父母的话是不对的。如果父母在语言上过多批评孩子，表达了对孩子感情上的拒绝，这样的语言会伤害孩子，让她觉得自己不重要、不被爱，从而产生愤怒情绪。

　　一个是灵性上的"不"。所谓灵性，就是精神，一般对孩子来说就是她的价值感。如果父母讲的话让孩子觉得自己很没有用、没有价值，生存没有意义时，孩子也会表现出愤怒的情绪。

　　当一个孩子有很多愤怒，这些愤怒又不断累积时，不管是外向还是内向，孩子都会通过打人来发泄。过多愤怒的能量在身体里会让孩子觉得很不舒服。三岁半的孩子，语言表达能力不够，就会通过出手打人来说"不"——在身体上可能她不赞成，在感情上她觉得不对，在价值感上也有很大的抗议——"我有这么糟吗？我有这么差吗？"

所以父母要思考，自己的言语和行为为什么会引发孩子这么多的愤怒，找到原因以后才能从根本上解决孩子打人的问题。

与渴望联结：每个问题，都是给予心理营养的最佳时机 ——

与渴望联结：每个问题，都是给予心理营养的最佳时机 —— ♀

②

与渴望联结

〔马来西亚〕林文采 著

中国友谊出版公司

图书在版编目（CIP）数据

与渴望联结：林文采博士心理营养育儿法：精华版 /（马来）林文采著 . -- 北京：中国友谊出版公司，2020.12

ISBN 978-7-5057-5041-8

Ⅰ . ①与… Ⅱ . ①林… Ⅲ . ①儿童教育－家庭教育 Ⅳ . ① G782

中国版本图书馆 CIP 数据核字（2020）第 219176 号

书名	与渴望联结：林文采博士心理营养育儿法：精华版
作者	（马来西亚）林文采
出版	中国友谊出版公司
发行	中国友谊出版公司
经销	新华书店
印刷	天津旭丰源印刷有限公司
规格	880×1230 毫米　32 开
	20.5 印张　311 千字
版次	2020 年 12 月第 1 版
印次	2020 年 12 月第 1 次印刷
书号	ISBN 978-7-5057-5041-8
定价	86.00 元（全 4 册）
地址	北京市朝阳区西坝河南里 17 号楼
邮编	100028
电话	（010）64678009

如发现图书质量问题，可联系调换。质量投诉电话：010-82069336

♀1

不好好吃饭，
怎么办？

让孩子为自己负责，

父母经常给予孩子肯定、赞美、认同，

能够让孩子增强自信和安全感。

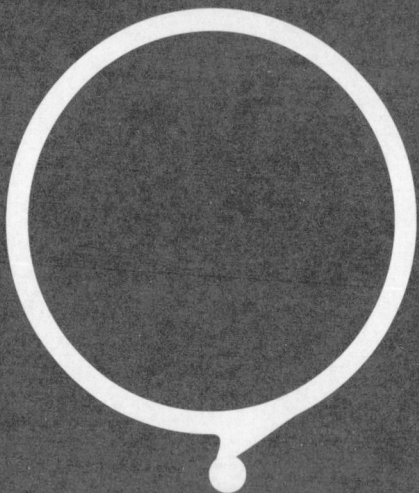

孩子在正餐时间
不愿意吃饭，
怎么办？

孩子不好好吃饭，已经成为让很多父母非常烦恼的问题。甚至有些孩子才一周岁，到了正餐时间就不愿意吃饭了。这个问题其实非常奇怪，因为吃饭本是孩子的天性——孩子渴了，就会想要喝水；孩子饿了，就会想要吃饭。那么为何这么多孩子到了该吃饭的时候却不愿意吃饭呢？

就这个问题，下面分四种情形来谈。

孩子不饿

过去，在经济欠发达、物资相对匮乏的年代，何曾听说过哪个孩子不爱吃饭？更多的情况是吃不饱，除非因为生病，否则没有孩子会不想吃饭。

那现在为什么这么多孩子存在不想吃饭的问题呢？首要的原因，可能是孩子不饿。那为什么不饿呢？因为父母在正餐之前给孩子吃了各种各样的零食，特别是甜食。如果甜食吃得多，肯定会影响孩子的胃口。再加上饭菜一般不会像零食、糖果那么"重口味"，所以很多孩子吃惯了零食的味道，就不喜欢饭菜的味道了。

所以，父母一定要温和地坚持一个原则——孩子可以吃零食，但必须在正餐以后吃。在正餐之前两个小时内，不允许孩子吃零食，特别是非常甜的糖果。父母可以想一些办法温和地去坚持这个原则，而不要随便向孩子发怒。

孩子在对抗父母

现在很多家庭把孩子吃饭当成一件天大的事情，其实有些父母实在太过焦虑了。孩子吃饭的时候，不但父母焦虑，可能六个大人——爸爸、妈妈、爷爷、奶奶、外公、外婆——都非常焦虑，生怕孩子吃得不够多，吃得不够好，吃得不够健康。于是，很多时候是六个大人盯着一个孩子吃饭。

想想看，孩子该有多不舒服！他发现一天里最不舒服的时候就是吃饭。因为几个大人一直盯着他，总是叫他多吃一点，多吃一点，再多吃一点……所以，孩子会觉得，在吃饭的时候是最受控制也是最不舒服的，这就容易引发孩子的对抗情绪。

　　建议父母尽量让吃饭变成一件轻松、愉快的事情。孩子吃饭时的气氛一定是非常简单舒适的——孩子很简单地自己吃饭，家长不要一直盯着孩子吃了什么、吃了多少，而是能够和孩子谈一些有趣的事情，倾听孩子的话。如果孩子发现吃饭过程很愉快，就会非常期待和家人一起吃饭了。

孩子想要获取父母的注意

　　一些自我感觉在家里被忽略的孩子，常常会将不好好吃饭作为获取父母注意力的方法。

　　比如有的二胎家庭，老大会感觉老二夺取了父母所有的注意力。老大发现父母对自己吃饭这件事特别在意，就会在吃饭的时候跟父母有更多的纠缠，通过不好好吃饭来赢得父母更多的关注。有的独生子女家庭，父母工作太忙了，孩子只有很少的时间可以看到父母，也会出现这样的情况。

怎么判断孩子不好好吃饭，是属于这种情形呢？最直接的方法就是，看父母对孩子的感觉是怎样的。

如果被问到"你对孩子主要的情绪是什么"，父母的直觉是孩子太烦人了，那极有可能是因为孩子得到的关注不够，因而在你很在意的吃饭这件事情上，跟你讲条件、讨价还价、不好好合作。

这种情形下，应该怎么办呢？简单来说，就是只在孩子做得好的时候给他明确的关注，一旦孩子做得好时，比如偶尔吃得比较快或者主动坐下来吃饭，父母可以明确地表达关注，并立刻去肯定、赞美、认同孩子，比如："嗯，今天宝宝很好，帮了妈妈一个大忙，午饭半个小时就吃完了，妈妈很高兴。"如果孩子做得不好，父母就当作没看见，尽量什么都不要说。这样能够让孩子感知到：当我有好的行为时，就会得到父母的注意。这对于那些感觉被忽略的孩子，是特别有效的。

孩子感觉吃饭像吃药一样

○

有些父母太过注重食品的健康和营养，而忽略了食物本身的味道。不同的食物，各有各的营养，不需要让孩子在每一餐里补足所有的营养。

如果孩子不喜欢吃饭，父母不仅要注意营养搭配，更要注意饭菜是否合孩子的胃口。三岁之前的孩子，甚至六岁之前的孩子，不可能有太多的营养意识，很难每天吃下一些自己觉得不好吃但是有营养的食物。

有的妈妈说，孩子只吃他喜欢吃的，对于他不喜欢吃的，一口都不吃。这难道不是正常的吗？每个人都有自己的食物偏好。有很多食物可供选择，没有必要非去吃那些不好吃的，为了营养而像吃药一样吃下去。当感觉吃饭像是吃药的时候，孩子肯定会非常排斥吃饭。

有一个父亲，认为每餐之后吃一根香蕉比较健康，所以从孩子很小的时候开始，他就要求孩子吃完饭一定吃一根香蕉。吃了好多年之后，孩子11岁时就不肯吃了。这个父亲坚持非吃不可，用各种各样的方法让孩子吃，包括骂孩子不听话，指责孩子不孝顺，甚至对孩子说："香蕉很难吃吗？你吃了难道会死吗？"孩子就反驳说："我不吃，难道我就不健康吗？我不吃，难道我就会死吗？"到了这个地步，就是父亲太过坚持了，完全没有必要。

──○──
────总结一下────

吃饭本就是孩子的天性，孩子不愿意吃，一定是有原因的。

第一，最直接的原因是孩子真的不饿，父母要温和地坚持饭前不吃零食的原则。

第二，孩子是否在对抗父母，是否因为父母太过焦虑而把吃饭气氛搞得太紧张。

第三，孩子是否想通过不好好吃饭的方式，来得到父母更多的注意。父母要肯定、赞美、认同孩子好好吃饭的行为，忽略那些不好的行为。

第四，父母对食物的营养和健康认知要灵活、有弹性，不能要求孩子必须吃那些虽有营养但不喜欢吃的食物，避免孩子对吃饭产生抗拒感。

孩子吃饭很少
还挑食，
怎么办？

一位妈妈有两个孩子，女儿五岁半，儿子刚一岁半。她整天为孩子吃饭着急，因为女儿常常吃得非常少，对蔬菜不感兴趣，经常只吃白米饭，或者用汤拌饭吃。女儿常说："妈妈，这个菜不好吃，我不想吃。"妈妈不知道怎么办才好。

探寻孩子不想吃饭的真实原因

妈妈有两个孩子，而且小弟弟才一岁半，所以女儿不想吃饭，可能是想得到妈妈更多的注意。她发现没有办法跟弟弟竞争，只有吃饭问题会让妈妈非常焦虑，所以她不好好吃饭，想引起妈妈的关注。

若果真如此，那么妈妈要注意的是：千万不要将女儿和弟弟进行比较，任何带有竞争性、比较性的话，都不要说。比如不要跟女儿说："弟弟才一岁半，我给他吃什么他就吃什么，你这当姐姐的，还比不上弟弟呢！"这种带有竞争性、比较性的话语，不仅无法激发孩子吃饭的意愿，反而会让孩子产生逆反情绪。

妈妈可以做的是什么？妈妈可以这样对女儿说："妈妈很爱你。那个菜不好吃，那么你想吃什么，愿意告诉我吗？我相信你和弟弟是不同的，你想吃什么，告诉妈妈，妈妈非常愿意给你做别的菜。"然后不管女儿说想吃什么，不要太在意她要吃的是否有营养，就按她所说的准备饭菜。这是妈妈在表示："我是关心你的，我愿意给你做你喜欢吃的饭菜。"让女儿感受到妈妈很在意她、很爱她。

想方设法做适合孩子胃口的饭菜

Q

妈妈可以想办法让饭菜更适合孩子的胃口。比如孩子只喜欢吃白米饭或者汤拌饭，不喜欢吃菜，那么根本不用花时间去劝说孩子多吃菜。可以做孩子喜欢的汤拌饭，比如加入一些肉末和切碎的青菜，孩子就可以吃到营养丰富的汤拌饭，既适合孩子的胃口，也满足了营养的需要。

关注孩子做得到的，不关注孩子做不到的

Q

妈妈要多去关注孩子做得到的，不去关注孩子做不到的。比如孩子今天喝汤喝得很香，那就肯定他说："妈妈发现你今天胃口很好，吃得很香哦，妈妈非常高兴。"对于孩子做不到的，直接忽略就可以了。

要把吃饭时间变成全家最快乐的时间

Q

不要把吃饭当成让全家都很痛苦的事，要让孩子觉

得吃饭时间是全家最快乐的时间。在这个时段谈谈快乐的事，比如妈妈遇到的有趣的事情，可以讲给孩子听；也可以鼓励孩子给大家讲讲，今天玩了什么有趣的玩具，听了什么好听的故事等。一定要让孩子觉得吃饭的时间是最温馨、最快乐的。父母要其乐融融地谈话，而不是盯着孩子青菜或者米饭是否吃得太少了。一旦把吃饭变成一件不愉快的事情，就会让孩子感觉特别没有胃口。

总结一下

第一，问问孩子为什么不爱吃饭，是否是为了让妈妈多陪陪自己。千万不要对孩子说带有竞争性、比较性的话，要接纳孩子，给孩子更多的关注。

第二，在孩子做得好的方面，比如吃饭时有礼貌、吃饭时很快乐，要肯定、赞美、认同孩子，同时忽略孩子做不到的。

第三，想办法在孩子喜欢吃的食物里加入一些美味的食材，让孩子既有胃口又能获得足够的营养。

第四，要把吃饭的时间变成全家最快乐、最温馨的时间，其乐融融，让孩子享受吃饭的过程。

孩子对爱吃的食物
过度兴奋，
怎么办？

有一个妈妈，儿子今年四岁半了，上幼儿园中班　儿子两岁半前一直由妈妈照看，两岁半之后跟爷爷奶奶一起生活，今年回到妈妈身边　妈妈发现，儿子很缺乏安全感，比如妈妈一举起手，儿子就护头，误以为要打他，据说以前幼儿园的老师会打他；孩子的社交能力也很差，在幼儿园总是自己玩，没有同龄的伙伴和他一起玩；儿子看到喜欢的食物会兴奋得发抖，不断往嘴里塞，其实家里生活条件不差，各种食物也从来不缺　妈妈感觉儿子一直活在自己的世界里，除了食物，对任何事情都提不起兴趣儿子到底怎么了？看得出来，这位妈妈非常焦虑。为什么会出现这种情况呢？其实，吃东西常常是一些孩子自我安慰的方法。这个案例中的孩子非常爱吃东西，甚至到了看见食物会兴奋得发抖的地步，而且没有办法发展自己的社交能力，好像唯一感兴趣的就是食物，那么很有可能他是把吃东西当成了自我安慰的一种方式。为什么会这样呢？这个孩子可能遭遇了一些创伤事件。

比如，他原本跟妈妈一起生活，在两岁半还无法独立自主的时候就离开了妈妈，和爷爷奶奶一起生活。很有可能，这个孩子并没有把爷爷奶奶当成重要他人。上幼儿园之后，又遇到了一个没有耐心的老师，孩子可能表现得没那么好，于是被老师打头。现在，孩子回到妈妈身边以后，就出现了缺乏安全感以及社交障碍等情况。孩子内心有很多的情绪，有相当多的时间处于害怕中，所以他没有办法发展正常孩子所具备的社交能力，幸好这位妈妈及时发现了问题。如果妈妈认为这是孩子的问题，并且指责批评孩子，那孩子的安全感会越来越少，问题就会越来越严重。

孩子缺乏安全感，是很多问题的根源。针对这类孩子，妈妈一定要注意培养孩子的安全感。那么怎样帮助孩子比较快地获取安全感呢？

第一，跟孩子说话的时候一定要特别温和。 看到自己的孩子社交能力差，可能会引发妈妈的急躁和焦虑，此时妈妈一定要克制和冷静，对孩子说话时一定要特别温和，告诉孩子："如果有人欺负你，不要怕，告诉妈妈，妈妈一定能够帮你解决。"

第二，妈妈要多多拥抱孩子。 对缺乏安全感的孩子，一定要经常拥抱他，特别是晚上睡觉的时候，轻轻抚摩孩子的背，会有很大的帮助。

第三，妈妈要对孩子有更多耐心。 对缺乏安全感的孩子，妈妈要有更多耐心，特别关注孩子的安全感培养。一般半年以后，孩子就会慢慢好起来，发展社交能力，和小伙伴一起玩了。当孩子还无法社会化的时候，妈妈要确保孩子在幼儿园里不被小伙伴欺负。

第四，父母千万不要当着孩子的面吵架。 如果父母互相指责、吵架，也会令孩子感到害怕，缺乏安全感。夫妻之间和谐的关系，最能给孩子安全感。

第五，尽量让孩子有机会为自己负责。比如让孩子自己吃饭、穿衣服、收拾玩具等，做他这个年龄段自己能够做到的事情，并且经常称赞孩子，比如："宝宝很棒，能够自己穿衣服了。"让孩子为自己负责，经常给予孩子肯定、赞美、认同，能够增强孩子的自信和安全感。

孩子在家里不愿独立吃饭，怎么办？

有一位爸爸，女儿今年四岁了，在幼儿园里可以独立吃饭，但是回到家里就不愿自己吃了，对此有人建议说："千万不要喂孩子，吃饭的时候就给孩子准备好饭菜，过了饭点就把所有饭菜收走，就算孩子饿了，也不再给她任何食物，饿上几顿，孩子就会自己吃了。"这位爸爸对这种方法感到很困惑，不知是否管用，而且如果孩子是因为太依赖父母而希望父母喂饭，那么为了培养孩子的安全感，父母是否应该给孩子喂饭呢？后来让这位爸爸比较纠结的是，即便给孩子喂饭，孩子还是吃得非常少。

可以看到，这个孩子是完全有能力独立吃饭的。幼儿园老师已经证实，这个孩子在幼儿园里完全可以自己独立吃饭，只有回到家才不愿意自己吃饭。

遇到这样的情况，应该怎么办呢？建议提前跟孩子约定好，比如全家一起吃晚饭的时段是17：30—18：30，过了18：30就要收拾碗筷和厨房，所有食物都会被收走，之后也不会再提供零食。父母跟孩子这样讲的时候，孩子通常不会理会，只顾自己玩。父母不要一直唠叨、反复提醒孩子，只需要按照事先说好的，吃完饭后把所有饭菜收走就可以了。

具体可以参照以下几个步骤：

第一步：先跟孩子单独沟通，明确地让孩子知道吃饭的时间。吃饭的时候，在饭桌上跟所有人再强调一次吃饭的时间，其他时间就不要唠叨提醒孩子了。要让吃饭的氛围尽量温馨、快乐，在这样的氛围里吃饭才是最好的。

第二步：到了18：30，不管孩子是否已经吃完饭，也不管孩子吃了多少，一定要把桌上的饭菜都收走。孩子如果真的没有吃饱，通常到了晚上8点左右，就会哭闹说："妈妈，我肚子饿了，我没吃饱……"

第三步：所有家人的态度都要温和而坚持。现在要坚持的事情，对孩子来说可能有点难受和残忍，所以家人的态度一定要温和。不要指责孩子，不要跟孩子纠缠："我不是早跟你说了，叫你不要玩了，专心吃饭，你就是不听，现在想吃饭了，妈妈不管你！"这样的言语很不恰当，会引发孩子和大人之间的争执。可以这样说："孩子，我知道你现在一定很饿，我也知道你饿了很难受。可是我们事先已经说好了，过了饭点就没有饭吃了。妈妈教你怎么办——现在赶快去睡觉，睡醒以后就有早饭吃了。"这样跟孩子说就可以了，其他什么也别说。

　　第一晚这样坚持下来。第二天家长的做法是最关键的，决定了这个方法是否有效。到了第二天17：30吃饭的时间，还是跟所有人说："我们吃饭的时间是17：30—18：30，过了18：30，所有饭菜都会被收走，晚上就没有任何可以吃的东西了。"然后严格去执行。一般情况下，如果妈妈没有用一种责骂的语气，而只是这样简单说明，那么孩子回忆起昨天挨饿的难受感觉，第二天就会按时吃饭的。

　　上述做法是比较有效的，那什么情况下会失效呢？

最有可能的是，妈妈在第二天讽刺孩子，比如17：30快要吃饭时，妈妈说："昨天不知道是哪个人，跟他说好了18：30之后要收走所有的饭菜，他不理，结果晚上哭丧着脸说饿了。今天再不好好吃饭，晚上就自作自受吧。"这样说话，会引发孩子跟家长的争执。孩子会去试探，家长是否真的会这样做。家长的不温和态度、责骂语言，常常会引发孩子内心的对抗。所以家长一定要用温和的语气，去坚持该有的规则：在说好的17：30—18：30这个时间段里吃饭。这一个小时的时间，足够让孩子把饭吃完。孩子要吃什么、吃多少，由孩子自己决定。如果孩子不吃饭，那么不用责骂孩子，只要过了饭点收走饭菜就可以了，到了第二天也依然这么做。

吃饭的问题，其实很考验妈妈是否相信自己的孩子能够根据他身体的需要去获取足够的食物。家长要做的，是尽量把饭菜做得美味可口，适合孩子的口味，并且在饭桌上不要一直盯着孩子，孩子爱吃什么吃什么，大家简单愉快地用餐就好了。相信孩子，他们的本性是想吃而且希望吃饱的。

孩子吃饭时
只肯让妈妈喂，
怎么办？

有一位妈妈，女儿两岁八个月了，她有两点困惑：第一，为什么女儿睡觉时，特别是晚上，一定要摸着妈妈的手才能睡着，家里其他人都无法让她安静踏实地入睡。第二，吃饭的时候，女儿常常吃一会儿就不愿意自己吃了，一定要让妈妈喂，而且只肯让妈妈喂，不肯让其他人喂，否则就会大吼大叫。妈妈感觉女儿心里只接受她，对其他人都是抗拒的。为什么会这样呢？

借助这个问题，分享一个比较重要的概念——"过渡性重要他人"。当孩子只有一个"重要他人"的时候，一般很有可能是他的妈妈，但是妈妈不可能寸步不离，那么当妈妈不在的时候，或者晚上要睡觉的时候，孩子就需要一样东西来代替他的妈妈——这个东西就是"过渡性重要他人"。

这个小女儿，是把妈妈的手当成妈妈，她一直摸着妈妈的手，才能够放心，安静踏实地睡着。有一些孩子，不是摸妈妈的手，而是摸妈妈的头发、衣服，或者把带有妈妈味道的东西，比如枕头、抱枕等，当成妈妈陪着自己。这些替代的东西都可以称为"过渡性重要他人"。

当这些情况发生时，妈妈可以很放心。虽然妈妈可能要多花一点时间跟孩子在一起，但这也说明：妈妈是完全可以影响这个孩子的。妈妈所做的一切，孩子都想模仿，孩子特别希望得到妈妈的肯定、赞美、认同，以及妈妈的喜爱。

那么在吃饭的问题上，这位妈妈应该怎么做呢？只需要愉快地吃饭。在吃饭的时候，妈妈要表现出吃得很香，一点都不焦虑的样子。比如可以说："今天的饭菜特别好吃……今天的汤煮得真好喝……这块肉真是又香又嫩……"这样就能引发孩子对饭菜的兴趣。

因为妈妈是女儿唯一的重要他人，所以妈妈的态度一定能影响女儿。女儿吃饭的时候，妈妈要肯定她，比如说："好孩子，我看到你吃饭了……看到你喝汤了……看到你自己可以拿勺子了……"对她微笑，对她拍手鼓励，或是摸摸她的头，让孩子明白，看到她能够自己吃饭，妈妈很开心。

对于两岁八个月的孩子，完全可以鼓励和教导她独立吃饭。要有心理准备的是，这个年龄段的孩子，整个身体，尤其是手和眼睛的协调，可能还不够好，所以很有可能在吃饭时把饭菜掉到餐桌或衣服上，把汤洒出来，甚至把餐具打碎。没有关系，饭后收拾一下就好，千万不要在孩子吃饭的过程中教导孩子"不要把饭掉到衣服上，不要把汤洒出来……"此时，孩子很想得到爸爸妈妈的赞赏，那么一定要投其所好，在她想要独立自主吃饭的时候，多多肯定她、赞赏她，接纳她的不足，让孩子知道，她能够做到这些，已经让爸爸妈妈很快乐。

作为一个"重要他人"，妈妈能够让孩子好好地吃饭，同时得到心理营养，花费时间，付出耐心，绝对是值得的。

02

不想睡觉，起床就哭，怎么办？

睡眠跟身体的生物钟有关，

父母可以做的，

是耐心帮助孩子慢慢地去调整，

直到孩子的生物钟完全适应这个节奏。

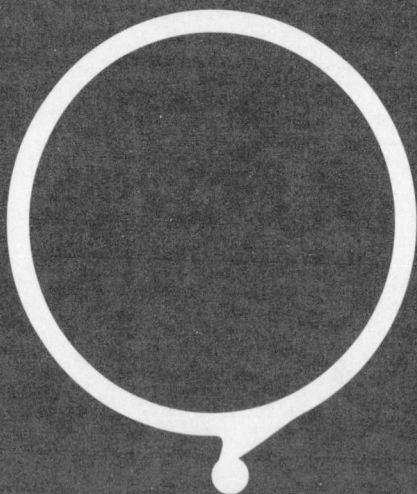

孩子不好好睡觉，
怎么办？

有位妈妈说，她家孩子到了晚上特别精神、特别活跃，一点睡意都没有。哪怕很早就陪孩子在床上酝酿睡意，比如唱歌、讲故事，但就是培养不出睡意。如果不半哄半强迫他睡，他可以一直玩到12点甚至凌晨1点。有没有办法训练孩子早点睡觉呢？

其实，好比口渴了要喝水、肚子饿了要吃饭一样，身体疲倦了自然就要睡觉。睡眠是人在出生第一天就会的事情，跟呼吸一样是非常自然的。

如果一个孩子无法好好睡觉，原因可能有以下三种。

因为孩子不疲倦

○

那么孩子为什么不疲倦呢？如果孩子非常兴奋、活跃，一直都不疲倦，可以从这三个方面来考虑：

第一，孩子的午睡时间是否太长了。

第二，孩子所处的年龄段所需要的睡眠时间大概是多少。

第三，孩子在睡觉之前所做的事情是否让他太过亢奋。

首先，要考虑孩子午睡的时间是否太长了。

有的育儿书上说，孩子中午要睡三个小时，一些父母就非要孩子在中午睡满三个小时。可是，并非所有的孩子都是一样的，有些孩子也许需要睡三个小时，有些孩子则不需要。一般来说，孩子一岁以后就不需要中午睡那么久了。如果孩子中午睡了很久，晚上还能在10点左右就睡着，那也没问题。但如果孩子晚上很活跃，不想睡觉，就说明他不需要那么多的睡眠时间，因此需要缩减午睡时间。

其次，孩子的睡眠时间是随着年龄增长而变化的。一岁之前的孩子，心跳的频率比成人快一倍，所以睡眠时间一般会比成人多一倍，每天可能要睡十五六个小时。过了这个年龄，孩子的睡眠时间就会慢慢减少。

○　0~1岁的孩子，每天可能要睡15~16个小时；

○　1~4岁的孩子，每天可能要睡12个小时；

○　5~10岁的孩子，每天可能要睡9~10个小时；

○　11岁之后，每天睡7~8个小时就够了。

这是从年龄段来划分的，当然不能单凭这一个标准来判断，最重要的还是仔细观察自家孩子，因为每个孩子都不一样。

最后，孩子在睡眠之前要避免情绪太过亢奋。孩子睡觉之前，要让他的活动慢下来，不要让他处于太过亢奋的情绪里，这也是有助于入睡的。

因为孩子的天生气质

○

有的妈妈在孩子睡觉之前，会放催眠曲给他听。有些孩子听着听着就睡着了，但是有些孩子本来已经快要睡着了，一听到音乐，即使是非常轻缓的催眠曲，也会整个人立马精神起来，过很久都睡不着。

睡眠到底要用多少时间，和孩子的天生气质息息相关。所以，妈妈要去观察自己的孩子，了解孩子在性格、气质上的特点。

激进型孩子的精力特别充沛。不管年龄多大，一般中午只需要睡一会儿，不需要睡太长时间。但是，现在很多幼儿园规定，孩子午睡要睡足两个小时。那么对于激进型孩子，如果一定要他午睡两个小时，到了晚上就会非常活跃。

冷静型孩子，一般需要更多的睡眠时间。特别是到了上学的年龄，他们会习惯性大量用脑，大脑需要更多氧气。冷静型孩子上完一天的课回到家时，就像普通孩子做了一天体力活一样，特别容易疲倦。因此，冷静型孩子很容易早睡，需要的睡眠时间比较长。

而乐天型孩子，就不需要那么长的睡眠时间。

每个孩子的天生气质都不一样，父母对此多一些了解，就不会觉得冷静型孩子睡得太多，也不会强迫激进型孩子多睡一点。

因为孩子的情绪

○

不管是小孩，还是成年人，都会因为情绪问题而无法好好睡觉。当一个孩子内心有很多情绪，特别是焦虑、紧张、愤怒时，就会干扰他的睡眠——不只是入睡困难，甚至整个晚上的睡眠质量都会被影响。

总之，睡觉是人的本能，如果孩子没有办法好好睡觉，父母要关注导致孩子睡觉问题的原因是什么。

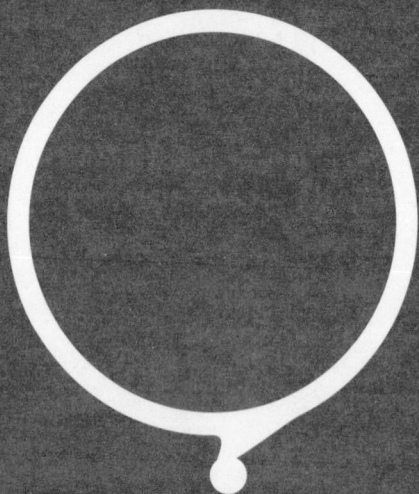

想多玩一会儿
舍不得早睡，
怎么办？

有一位妈妈，女儿六岁了，今年9月就要上小学，所以她希望孩子能够养成早睡的习惯

她和孩子的爸爸每天下午6点左右下班，吃完晚饭会陪孩子玩、看书、讲故事等 双休日只有很少的特殊情况不能陪孩子 总的来说，爸爸妈妈陪伴孩子的时间是足够的

早上妈妈上班出门的时间很早，所以女儿一直都是由外婆陪着睡，这样女儿可以睡得久一点，也不受打扰 每天晚上外婆早早就准备好睡觉了，可女儿就是不肯早早上床睡觉，几乎都是10点才睡，有时还要更晚 妈妈说："虽然我也想早早就陪她上床看书，可她就是不愿意睡觉，要么做个手工，

要么画张画，不断推迟上床时间。"

现在女儿已经开始独自睡一个房间了，各方面发展都很不错，老师和小朋友都很喜欢这个孩子，就是睡觉太晚。妈妈知道，女儿是想和爸爸妈妈多玩一会儿，可是快要上小学了，必须形成早睡的习惯。

女儿六岁，已经可以独自睡一个房间，这就表示孩子的安全感是足够的。同时，这个孩子能够在幼儿园里受到老师、小朋友的欢迎，就表示她与人连接的能力也很不错。从孩子的整体发展来说，她的"五朵金花"开得很好。所以先要恭喜这位妈妈，孩子养育得很好。

这位妈妈也很明白，孩子不愿意早睡，是想有更多时间跟爸爸妈妈在一起。关于这个问题，父母可以做些什么？

第一，看看孩子午睡的时间是不是能够缩短一点。如果午睡时间可以缩短一点，晚上就比较容易早睡，调整孩子的生物钟，让孩子到了晚上自然而然觉得疲倦。

第二，想要培养孩子的某个习惯，特别是睡眠习惯的时候，要循序渐进。不能说父母想要怎样，马上就要孩子做到父母想要的。比如孩子已经习惯于晚上10点或更迟一点睡，父母希望孩子晚上9点睡，并非意味着要从8点或者更早就开始督促孩子准备睡觉。如果孩子7点才吃完饭，8点就睡觉，那么睡前跟爸爸妈妈在一起的时间只有一个小时，如果很早就告诉孩子"现在我们来听故事，听完故事你就去睡觉"，那么孩子在感情上是不情愿的，因为盼星星盼月亮好不容易等到爸爸妈妈回家了，当然需要更多的时间跟爸爸妈妈在一起。

那么应该怎样做呢？比如，理想的结果是提前一个小时入睡，可以分为以下几个步骤：

第一步：不能操之过急，从10点直接调整到9点睡，建议可以先提早20分钟，从10点调整到9点40分，父母先确定这个目标，不需要跟孩子说。

第二步：不要太快进行所谓的睡眠仪式，比如讲故事、看书、唱歌等。如果希望孩子9点40分上床睡觉，那么大约9点10分开始叫孩子去洗澡，然后就可以开始睡眠仪式。比如让孩子拿出一本故事书，给孩子讲故事，或者听她讲故事，或者妈妈跟她一起安静、开心地玩一会儿，然后告诉孩子要睡觉了，最后去关灯。关灯的时候，妈妈可以用手抚触孩子的背，通过抚触帮助孩子更快入睡。每天都这样做——洗澡、讲故事或者玩一会儿、睡觉、关灯。

第三步：这样经过一段时间，让孩子慢慢适应9点40分睡觉，再从9点40分改到9点20分，最后再到预期的时间也就是9点睡觉。

总结一下

　　培养孩子的习惯，一定不要一蹴而就，特别是针对睡眠问题。睡眠跟身体的生物钟有关，父母可以做的，是耐心帮助孩子慢慢地调整，直到孩子的生物钟完全适应这个节奏，再来进一步调整。希望孩子9点睡觉，不要强令孩子从今天开始一到9点就必须睡觉，不要为了让孩子一定做到9点睡觉，就从8点开始用各种各样的招数，跟孩子斗智斗勇。这样一般是不会成功的。如果父母愿意慢慢地培养孩子的早睡习惯，孩子也会逐步做到。

　　除了慢慢调整孩子的习惯，还要想办法安抚孩子，比如抚触他的背，孩子心里非常清楚，父母在用这个方法跟他连接，当内在的情绪得到安抚以后，孩子就比较容易睡着了。以实际的经验来看，如果父母有耐心，哪怕是从12点调整到9点入睡，也是可以做到的。

孩子睡觉
起床就哭，
怎么办？

有一位妈妈，孩子快三岁了，最近总爱发脾气，还会大哭，尤其是午睡起床以后，一点点不顺心就哭得眼泪鼻涕一大把，动不动就说："我要，我就是要！"磨得大人有时候真的控制不住想要发火。妈妈问："这是此年龄段孩子的共性，还是我在教育孩子方面出现了问题呢？"

首先，这位妈妈猜对了——孩子在一岁半到两岁半这个年龄段，有几个月时间，一般不会超过半年，会进入一个有丰富情绪的阶段。孩子之所以会有这样多的情绪，排除教育上的问题，出现这样大吵大闹的情况，主要有两个原因。

原因一：孩子内在的天性里，有一朵独立自主的金花想要开放。

如果说人生真有所谓的"叛逆期"，那么这就是人生的第一个叛逆期。这个阶段，孩子非常想要和他的重要他人分离，因为他独立自主的金花需要开放。所以这个时候，孩子常常会跟父母或者其他重要他人对着干。怎么对着干呢？就是你要他睡觉，他就偏不睡；你不让他做什么事情，他偏偏要去做。他会动不动就说："我要，我就是要！"孩子用他所有的力量，想要独立自主，所以当别人不允许他做什么时，他就会有特别大的情绪，会大哭大闹、大发脾气。

原因二：孩子在心理上进入既想分离又想连接的矛盾阶段。

这是每个孩子必然要经历的一个阶段。在这个年龄段，孩子即将进入和父母或者其他重要他人分离的阶段，既想要独立自主，却还有连接的天性，此时孩子能够感觉到内在有两股互相矛盾的推动力在推动他，因而引发各种情绪。这些情绪也会表现在睡眠上。孩子会变得非常倔强、矛盾，因为他内在有两股不同的力量一直在冲突。

所以，父母会发现：第一，当你不允许孩子做什么、拒绝他的时候，孩子的情绪起伏会很大，因而影响睡眠；第二，当孩子要跟父母分离的时候，孩子的情绪会特别大，而睡眠也表示一种分离。到了睡觉的时候，因为孩子要跟妈妈分离，情绪的波动相对比较多，他既不想睡觉，睡了以后又不想起床，所以起床以后会哭闹得特别厉害。

当然，这只是一个过渡期，此时妈妈更要无条件地接纳。当孩子出现这种情况时，要对孩子态度温和，多抱抱他，多去抚摩他的背，晚上睡觉时可以实行"睡眠三部曲"的仪式。睡眠仪式一般在半个小时内做完，让孩子感觉越来越接近睡觉时间。比如，洗澡是准备睡觉的第一步，然后讲故事表示快要睡了，最后哼个安眠曲表示马上要睡了，唱完就关灯一起睡觉。用这样一些适合孩子的方法，帮助孩子形成良好的睡眠习惯。

因为分离焦虑
不想睡觉，
怎么办？

有一位妈妈，孩子上幼儿园了，晚上总是很晚睡觉，11点睡就算是早的了，即便白天不睡觉，晚上还是一样睡得很晚。妈妈说，孩子这是想和爸爸妈妈多玩一会儿，她很担心闭上眼睛之后，爸爸妈妈就不见了。

妈妈猜想，这和孩子的成长经历有关，因为两岁之前，孩子在老家的时候，妈妈会趁孩子睡觉时做些家务，有时候孩子醒了妈妈也不知道，所以孩子醒来经常发现身边没有人，就开始大哭，妈妈听见哭声才慌忙赶过来。两岁以后，孩子就和爸爸生活在一起，爸爸上班早出晚归，经常是早上孩子醒来，爸爸已经去上班了，好不容易等到爸爸下班了，父女俩就会玩到很晚，孩子玩得太开心了就舍不得睡。

有的人说，这是因为爸爸妈妈对孩子不打不骂惯坏了，但妈妈觉得不是。妈妈知道，孩子黏人是因为没有安全感，不愿意上幼儿园是因为分离焦虑，因为幼儿园没有妈妈，孩子想妈妈、想家。可是这样长期下去怎么办呢？

首先，孩子会这样，跟爸爸妈妈不打不骂惯孩子是一点关系都没有的。用打骂来培养孩子的习惯，往往是没用的。根据孩子的需要，给他足够的心理营养，这样才能培养出好习惯。

孩子缺乏安全感、有分离焦虑，主要是因为跟父母在一起的时间不够多，也就是说，孩子在成长过程中吸收到的安全感不够。孩子想要的安全感，不会因为孩子长大而自然而然得到满足。

孩子能否做一件事情，主要看他的心理营养是不是足够。这就好比，我们一直让孩子吃得不够多，身体不够健康，力气不够大，却对孩子说"你已经长大了，可以去搬运很重的石头，做很多体力活"，试想孩子有可能做到吗？肯定是做不到的。

同样，如果希望孩子能够好好地跟父母分离，能够独立自主，就要给孩子足够的安全感。这些并非随着孩子年龄增长，自然而然就可以做到；也并非父母焦虑紧张，孩子就会做到。打骂、责怪孩子是没有用的，真正有用的方法就是给他需要的心理营养。

案例中的妈妈能够理解，孩子出现一些问题是因为缺乏安全感，是因为有分离焦虑，只是担心孩子长期这样怎么办。其实孩子根本不会长期如此。因为孩子只要得到了足够的安全感，自然而然就能够分离，到了该睡觉的时候就会自己去睡觉，不会因为想要和爸爸妈妈在一起就硬撑着，直到撑不住了才睡。

孩子如果不想睡，不想去幼儿园，非常需要安全感，那么妈妈要思考的是，怎样给孩子足够的安全感。从这个思路出发，才能找到解决之道。

如果孩子非常需要更多跟父母在一起的时间，那就表示现在父母给他的时间不够多。父母需要调整，比如爸爸早一个小时下班，或者妈妈早一个小时下班，挤出更多的时间陪孩子。至于如何挤出更多的陪伴时间，就需要父母自己去思考和解决了。

关于安全感，除了给予孩子更多的陪伴时间，还需要妈妈的情绪足够稳定。妈妈的情绪越稳定，孩子的安全感越强。除此之外，父母之间和谐的关系，也能给予孩子安全感。

还要注意一点，如果晚上才开始跟孩子一起玩，孩子很容易特别兴奋，所以在睡觉前至少一个小时，就不要再跟他玩太过激烈的游戏了，可以安静地聊聊天、唱唱歌或者讲故事，给孩子一个久久的拥抱等，帮助孩子入睡。

不敢独自睡觉，
怎么办？

有一位家长，女儿今年11岁，一直不敢独自睡觉，在家里有时候去洗澡、去洗手间都需要妈妈陪。妈妈感觉女儿非常缺乏安全感，认为在孩子成长的早期，没能正确地给予她心理营养，可能还做了一些阻碍她成长的事，导致她现在有许多偏差行为。孩子在两岁时还住院做过手术。妈妈问："这对孩子的心理是否有影响？是否需要带孩子去做心理咨询？面对孩子现在的情况，该怎么办？"

首先，要恭喜这位妈妈，因为她看到了孩子的需求。妈妈看到了孩子没有得到足够的或者正确的心理营养，也看到了孩子非常缺乏安全感。确实，如果11岁了连去洗手间、洗澡都不敢独自一人，说明这个孩子非常缺乏安全感。

第一，妈妈不用太过内疚。 因为不管过去是怎样做的，她在当时肯定是想要为孩子好，一定是尽心尽力去做一个好妈妈。只是因为当时不懂，所以方法可能不对。现在发现问题，矫正过来就可以了。

第二，妈妈不用太过在意。 孩子11岁了，还不能独自睡觉，不能自己去洗澡、去洗手间，其实都不是太大的问题，现在开始改变也是可以的。不管什么时候，不管孩子年龄多大，只要孩子还在妈妈身边，就有机会去补充之前没有给到的心理营养。一般来说，要满足安全感的需求，从时间上来讲最长不超过一年。只要真正把所有心理营养踏踏实实地给到孩子，满足孩子，就会看到，孩子未来的一年会有很大不同。

具体应该怎么做？前面已经提到，这里再简单回顾一下。

第一，要肯定、赞美、认同。 这样做时必须真心实意看到孩子的好，要刻意关注孩子做得好的地方，留意在哪些方面能够肯定、赞美、认同孩子，发自内心地给孩子大量的肯定、赞美、认同。一方面，要真心真意；另一方面，要在当下表达。不要过了很久才做，而要在当时，看到了，心里有感动、赞赏、开心，在当下就表达出来。肯定、赞美、认同还要做得很具体，清楚地告诉孩子，是因为看到他做了什么、说了什么才肯定、赞美、认同他。这样，一般不超过一年，就会看到孩子的转变，所谓的偏差行为也就不会出现了。

第二，要花更多的时间跟孩子在一起。跟孩子在一起时，不要仅注意去教导他什么事情应该怎么做、态度要怎样，还要花更多时间倾听孩子说话。倾听孩子说话，是最容易改善亲子关系的——在亲子关系中，倾听就是爱。

孩子在两岁的时候动过手术，这对她的心理不会有什么影响。什么会影响孩子呢？其实更重要的，是面对孩子动手术这个事实，父母的反应是怎样的，这对孩子会有很大的影响。

孩子很小的时候，比如一两岁动手术，特别是妈妈，会非常焦虑、担心，害怕孩子的身体出现什么问题，常常阻止孩子做这个、做那个……这些过度焦虑，其实是在暗示孩子：你有危险，你有问题，你不够好，你让我担心，你不能让我放心。这会使孩子无法相信自己。

所以针对此案例，我有两个建议：一是妈妈能够把内疚情绪放下，二是及时补充孩子的心理营养。在心理营养方面，一是注意孩子哪些方面做得好，给她足够的肯定、赞美、认同；二是愿意花时间倾听孩子说话。

最后，关于是否要带孩子去做心理咨询，鉴于孩子已经11岁，也没有在精神方面出现很大困扰，我的建议是，妈妈先给足心理营养，看看效果如何。少年一般不愿意做心理咨询，因为害怕被贴上"有问题的人"的标签。相比心理咨询，给足孩子心理营养才是更有效的。

爱拖拉磨蹭，
怎么办？

很多时候，

父母要求孩子很快成长，

去做他这个年龄段根本做不到的事情，

是违背孩子天性和成长规律的。

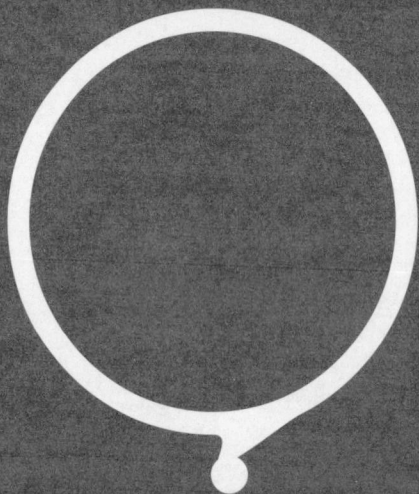

总是拖拉磨蹭，
怎么办？

孩子拖拉磨蹭，相信很多父母对此都非常头疼。"孩子做什么事都慢——起床慢，吃饭慢，洗澡慢，做功课更慢，真把我急死了……"怎么办呢？

首先来探讨孩子拖拉磨蹭的原因。

孩子的年龄太小了

拖拉磨蹭，几乎是所有孩子六岁之前都会发生的事情。成年人是有时间观念的，什么时间应该做什么就做什么。但是0—6岁的孩子，是用感官来感知这个世界的，不会去注意时间，完全没有建立时间观念，他们做事情的时候，注意的往往是过程——在这个过程里感受到了什么，体验到了什么。当然也有些孩子的确做事会比较快，但这种情况往往是孩子害怕因拖延而被打骂，并不是真的有时间观念。

有一位妈妈说，她三岁的女儿，每天单是洗脸就很磨蹭，比如常常用手按着脸盆半天都不动。妈妈批评女儿太慢，女儿就会说："慢慢洗，我才能够洗干净啊！"父母可能觉得这是孩子的托词。其实不是的。比如孩子洗脸时是要慢慢去感受的，感受水温，感受水流；刷牙的时候，刷了这边刷那边，用各种各样的方式来刷，感受刷牙的感觉。成年人往往是赶快刷牙，赶快洗脸，然后赶快去干别的事情，但孩子关注的不是完成洗脸刷牙这件事，而是体验和感受洗脸刷牙的过程。

因此，在孩子三岁之前，要允许孩子在家里尝试做各种事情，通过一次又一次尝试，孩子慢慢就懂了，然后再去培养他的固定习惯。如果家长着急催促，甚至替代孩子去做，那么孩子就失去了体验和成长的机会，不得不跟着家长的节奏去做，这时有些孩子就会显得非常拖拉和磨蹭。

孩子的天生气质是慢热型

孩子拖拉磨蹭，是不是天生的呢？其实真有天生气质这一说。

有一对双胞胎兄弟，同样的爸妈，同样的学校，就读于一个班级，有同样的班主任。

弟弟手脚麻利，做什么都快，每天回家之前，在学校作业就已经完成得差不多了，回到家晚饭后很快就能把作业做好，然后就会有很多的自由时间。爸爸妈妈不会给他安排更多的作业，一般晚上9点左右他就可以上床睡觉了。

但他的同胞哥哥却不是这样的。哥哥每天回到家还有很多作业没做完，不但作业做得慢，走路也慢，洗澡也慢，吃饭也慢，穿衣服也慢。晚上常常要到10点甚至11点，才能把作业做完。妈妈就坐在旁边，也不催促，只是简单地陪着他，一直到他把作业做完。哥哥就这样度过了小学阶段。

这位妈妈的态度是很正确的，表现出对孩子天生气质的接纳。有的孩子天生就是慢热型，做什么事情都慢，这类孩子有一个很大的优点，就是比较谨慎小心。相比之下，激进型孩子做什么都快，但不会那么谨慎小心。

所以如果父母能够认识到孩子天生气质的不同，能够无条件地接纳自己的孩子，孩子就能够心平气和顺利地成长。如果父母难以接纳自己的孩子做什么都慢，不断批评催促孩子，甚至打骂他们，那么孩子磨蹭的情况可能会越来越严重。因此，对于天生气质属于慢热型的孩子，要给他更多的时间，同时不要跟其他孩子比较。想让慢的孩子快，最好的方法是鼓励和赞美。

父母的管教方式太过强势或者精细

♀

有些父母，会把孩子每天的时间精确到每一个小时，把该做的事情都非常精细地规划好，让孩子严格执行。甚至有的父母在上班期间，还每隔一个小时打电话回家，确认孩子有没有严格执行。

如果父母的管教方式太过强势、精细，那么孩子很有可能会变得非常磨蹭。因为孩子一般不敢当面反抗，只能用拖拉磨蹭的隐性方式对抗。因此，父母可以尝试不要管教得那么精细、强势，倾听孩子的话，表达对孩子的尊重，减少孩子的对抗性拖拉磨蹭。

父母过于追求完美

　　有一位父亲，他的儿子虽然能把作业做完，但总要拖到最后一分钟才做完。他说，如果儿子能早点做完作业，就能够做得更好——能把答案全都做对，能把字写得更好一点……但他不知道的是，每次他提这样的要求时，反而会导致儿子不愿意太快做完，因为如果太快做完，反正还有时间，一定会被要求改改这里、改改那里，把不好的地方擦掉，做得更好一点……

这类父母是完美主义者，常常希望孩子做得更好。如果孩子很早就把作业做完了，父母总会觉得还不够好，要求孩子继续修改，做得更好。久而久之，很多本身不是完美主义的孩子无力抵抗，就会逐渐养成拖拉磨蹭的习惯，把作业拖到最后一分钟才做完。其实现在孩子的作业量比较大，每天能做完作业就很不错了，父母不要过于追求完美。

针对以上原因父母适当调整，孩子拖拉磨蹭的情况就会有所改善。

总结一下

拖拉磨蹭的四种典型原因：

第一，孩子的年龄太小，还没有建立时间观念，父母要给他们更多的时间去感知和认识世界，不要总是催促和打扰孩子。

第二，孩子有自己独特的天生气质。对于天生节奏比较慢的孩子，父母要学会发现孩子的优点，做到无条件接纳孩子的慢节奏，让孩子心平气和地顺利成长。

第三，父母的管教太过强势、精细，控制欲太强，迫使孩子用拖拉磨蹭的方式来对抗。

第四，父母过于追求完美，导致孩子养成拖拉磨蹭的习惯。

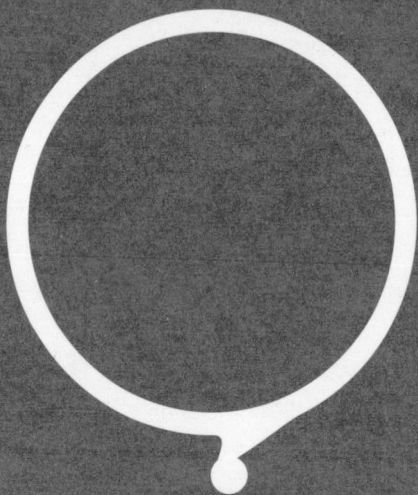

喜欢做的事情
拖着不做，
怎么办？

有一个六岁的男孩，喜欢弹钢琴，可是又不愿意主动去练琴，每天都要妈妈提醒他；而当妈妈提醒的时候，他又会找其他事情做，拖着不练钢琴；当妈妈生气批评时，他还会发脾气，心不甘情不愿地练琴，并且非常不认真。妈妈说："既然练琴的过程如此不愉快，如果不喜欢，就别练了。"结果孩子又说要继续练，而且弹得还不错。妈妈很困惑，对于这样的孩子该怎么办呢？

　　这个孩子看起来对弹钢琴是有兴趣的，接下来要做的，就是用心理营养去推动他。除了兴趣以外，真正能够推动一个孩子的，就是他很想得到心理营养的渴望。

要想给足孩子心理营养，妈妈首先要审视自己跟孩子的关系是好是坏，如果关系不好，那么孩子很可能不会把妈妈当成重要他人，那么妈妈所给的心理营养是无效的。

妈妈是想把儿子培养成音乐家吗？或者希望孩子将来把音乐作为谋生的手段吗？估计大部分妈妈都没有这个目的，只是想让孩子发展一项兴趣爱好。所以妈妈要先把自己的心态放平，不要太在意孩子钢琴练得怎么样，能否考到很高的级别。

妈妈要关注的，就是怎样能够给足孩子心理营养。比如可以对儿子说："你自己练钢琴吧，晚上妈妈想听你弹琴。如果你能弹一首歌曲给妈妈听，妈妈会很开心。"然后就让儿子自己练琴。到了晚上，可以对孩子说："来，我们的小钢琴家，弹一首歌给妈妈听吧。"听完以后，要告诉孩子："妈妈很喜欢听你弹钢琴，不管你的钢琴弹得怎么样，能够听到你把一首歌弹出来，妈妈就很高兴了。"如果孩子确实在白天已经练习过了，就告诉他："今天听到的钢琴曲，确实比昨天弹得好，一定是因为今天你认真练习了。"如果孩子今天白天没有练琴，弹完之后可以对他说："只要听到你弹钢琴，妈妈就很高兴。"

所以简单来说，特别是对五六岁的孩子，父母要尽量用肯定、赞美、认同来推动孩子内在的学习动力。真正推动一个孩子的，往往是他希望妈妈因为他而快乐，他想要得到妈妈的喜爱，得到妈妈的肯定、赞美、认同。如果常常批评孩子，得到的效果并不好，那为什么不反其道而行呢？如果常常用某种方法催促，而孩子却越来越拖拉，那说明这个方法对孩子是没有效果的，不如换个方法，尝试用"心理营养育儿法"来帮助孩子。

早上穿衣洗漱
吃饭磨蹭，
怎么办？

有一位妈妈说，她平时也会给孩子更多的时间做事情，可是在有些情况下是不允许孩子拖拉的比如早上去幼儿园，她必须先送孩子上幼儿园再去上班，每天早上可谓争分夺秒　孩子穿衣服、刷牙一磨蹭，她上班就会迟到，这时她只能帮助孩子穿衣、刷牙　她担心长此以往会影响孩子自理能力的培养　那么遇到类似时间紧迫不允许孩子磨蹭的情况，父母应该怎么做呢？

　　在这样紧急的情况下，可以采用不同的方法来解决。

方法一：直接帮孩子做，比如帮孩子穿衣、刷牙、洗脸等。因为时间很紧迫，而父母不能经常上班迟到，所以妈妈就别再纠结了，直接帮孩子做就可以了。那怎么培养孩子的自理能力呢？并非每件事都要孩子自理，也并非一天24个小时时刻都要培养孩子自理，可以在幼儿园放学之后再培养，比如回到家让孩子自己换衣服、吃饭、洗澡、整理书包、做作业等。这是完全没有问题的。

方法二： 如果孩子年龄实在太小，比如两三岁，确实做事没有办法达到父母预期的速度，不管父母用什么办法教导都做不到，那就是真的做不到了。不如想办法找别人送孩子去上学，确保父母可以按时上班。

方法三： 明确告诉孩子，妈妈上班真的非常重要，所以希望孩子能够帮妈妈一个忙。比如说："孩子，希望你能帮妈妈一个忙，每天早上快一点点。""妈妈先到车上等你，过五分钟，妈妈就必须开车走了，不然上班就会迟到。"然后妈妈可以先上车等着孩子。一般这样做之后，孩子的手脚会麻利一些。

有的父母，常常想的是出什么招数孩子才能就范。其实在养育孩子的过程中，需要尊重科学和规律。很多时候，父母要求孩子很快成长，去做他这个年龄段根本做不到的事情，是违背孩子天性和成长规律的。父母不能要求孩子事事听从家长，否则就觉得孩子不乖或者不听话。

所以做父母的，首先要处理好跟孩子的关系。第一，要了解孩子生理和心理的发展规律；第二，要知道怎样给孩子心理营养。真正能够鼓励孩子的，第一是孩子跟父母的关系好，第二是孩子能够从父母身上得到心理营养，在此基础上，才能真正帮助孩子养成各种好习惯。

如果这样做也没有效果，可能是父母期待太高或者太多了。这个孩子不管是从年龄还是天生气质来看，根本就是做不到的，不管父母怎么打骂、引诱，都做不到。那么父母就不要天天想着做什么事、用什么方法、说什么话，才能让孩子按照父母的心意去做。

真正能够教导和培养孩子好习惯的，一定是父母跟他有良好的关系，在良好的关系基础上，用心理营养去鼓励孩子。这在很多家长的实践中是有显著效果的。

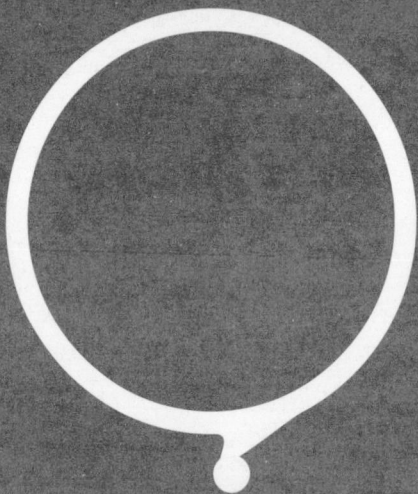

晚上做作业拖拉磨蹭，怎么办？

有一位妈妈问，孩子有时晚上做作业拖拉磨蹭睡觉很晚，如果一直睡觉很晚导致第二天上课精力不够，怎么办？其实，这是一个假设性问题，孩子只是偶尔作业做得晚，不太可能天天都做到很晚。所以妈妈不要用假设性问题让自己先焦虑，然后不断催孩子，越催他，他就越慢。

那妈妈能够做什么呢？

第一，孩子的作业，一定要让孩子自己负责。要让孩子知道，不管怎样，他每天要负责把自己的作业做好。就像妈妈为自己的工作负责任，一定要完成，孩子也要对自己的作业负责，一定要把作业做完。

第二，根据孩子的年龄，约定晚上的时间安排。晚上睡觉时间尽量不要超过10点半。一般来说，孩子晚上能睡七八个小时就足够了，妈妈不用太过担心。当然，每个孩子都有差异，家长要观察自己的孩子是否有足够的精神。如果孩子经常晚于约定的时间睡觉，那么孩子放学后可以让他先睡半个小时，从而保证孩子的精力。告诉孩子，如果他能够早点把作业做完，那么睡觉之前剩下的时间可以由他自由支配，从而鼓励孩子尽快做完作业。

第三，在心理营养上，多给孩子一些支持。比如，可以这样跟孩子说："妈妈非常愿意支持你。你做作业时，妈妈会在旁边陪你，一直等你把作业做完，不管做到多晚，妈妈都会陪你的。妈妈相信，你是非常认真、用心做作业的，所以妈妈愿意给你一份支持，在旁边陪你。如果你能做得快一点，那么妈妈也能早点睡觉，这真是帮妈妈一个大忙了！"

还可以这样跟孩子说："妈妈不会打扰你做作业。你自己来决定什么时候需要妈妈的帮助，比如你有题目看不明白或是不会做，就来问妈妈，妈妈会尽自己所能来帮助你。如果妈妈也不懂，咱们就一起讨论。"然后就在旁边简单地陪伴孩子，不去打扰他，除非孩子走神发呆。如果走神超过10分钟，妈妈可以问一下："孩子，我看到你发呆了，发生什么事了？"一般这样说完，孩子就会把注意力重新集中到作业上。

这是在表达对孩子的一种尊重，也是表达对孩子的一份爱。不去打扰孩子，不在孩子做功课的过程中批评指责他，妈妈仅仅坐在旁边，就是给孩子很大的支持了。

除此之外，在陪伴过程中，不要总盯着孩子哪里做得不好，要关注孩子哪里做得好。第一，要去发现孩子做得比较好或者有进步的地方；第二，发现之后要肯定、赞美、认同孩子。比如可以说"今天这个题相当难，你竟然会做，你上课的时候一定很专心"，或者"我发现你的英文好像比以前进步了"。这种称赞要发自真心。

如果孩子有题目做错了，怎么办？那就等到所有作业做完以后，告诉孩子："妈妈看到有一个题目你做错了，来，妈妈教你怎么做。"这样简单教导孩子就可以了，千万不要在他做作业时批评指责，否则孩子无法专心继续做作业，甚至会气馁并产生抗拒心理。

另外要注意的是，可以在孩子做完作业以后，简单地教导如何改错，但是千万不要把剩下的时间用来要求他做得更好更完美。如果孩子是完美主义者，那么他会主动把作业做好；如果孩子不是完美主义者，那么基本上能做完、做对就可以了，妈妈不要花时间让他做得更加完美。

非慢腾腾做
不熟练的事，
怎么办？

有一位妈妈，女儿两岁四个月，正是非常熬人的年龄段。比如早晨穿衣服，孩子非要自己穿，但是穿衣服不熟练，所以总是慢腾腾的，还常常穿错。妈妈熬不过她，只能让孩子玩游戏转移注意力，再趁机帮她穿上。那么，妈妈用这种办法向孩子妥协，对吗？有没有更好的办法呢？

　　其实，孩子在这个年龄，已经到了"Terrible Two"（可怕的两岁）阶段。为什么叫"可怕的两岁"呢？不是孩子可怕，而是孩子在这个时候，内心"独立自主的花"含苞待放。一般来说，早熟的孩子从一岁半开始，迟点的大概两岁半出现。通常这个阶段不会太长，大概只有几个月，不会超过半年。孩子在日常生活中，类似穿衣服、吃饭、收拾自己的东西等，很多事情会要求自己做。这个年龄段的孩子最常讲的一个词就是"不要"。那孩子要什么呢？就是要自己做。孩子要通过日常生活里的点点滴滴来证实，自己是可以为自己的生活做一些选择的。

当然，一岁半到两岁半的孩子，手脚还不是很协调，动作比较慢，还常常出错。比如穿鞋子，左右脚容易穿反。但如果父母主动帮忙，比如帮孩子把衣服穿上了，孩子还要一个纽扣一个纽扣地解开，脱掉衣服，重新穿衣服、系扣子。有时候，这个过程真的很磨人。

既然"Terrible Two"这段时间不会很长，那就允许孩子慢慢尝试，直到越来越熟练。家长所要做的，是当孩子做到的时候，肯定他；当孩子没做到的时候，等着他，让他把想做的完成。如此一般孩子就能安然度过这个阶段了。

只要简单地允许孩子做他力所能及的事情，就能让孩子感觉到：原来我和别人一样好，原来我不比任何人差，原来我是可以信任自己的。这对孩子有什么好处呢？好处就是，孩子能对陌生的人、事、物，保持适当的好奇心；

对自己不确定的东西，有适当的冒险精神；最重要的是，孩子对自己多了一份信任，能让他将来更好更快地走向独立自主，这样一种人格的培养是更加重要的。

希望家长能够理解孩子在这个年龄的特性——任何事都想自己做。在练习的过程中，虽然看上去孩子很磨蹭，但那是孩子在努力培养自己独立自主的能力，需要父母更多的包容与接纳。

04

一言不合撒泼打滚，怎么办？

情绪没有对和错，

不分好和坏，

它只是孩子的自然反应。

而父母所要做的，

就是最简单地接纳孩子的情绪。

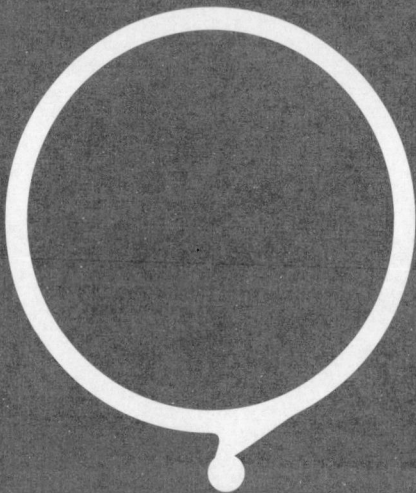

孩子经常闹情绪，
怎么办？

首先分享一下关于孩子情绪问题的三个观点。

万物有情，唯人独多，情绪在所难免

♀

孩子的情绪是与生俱来的，并非是孩子自己选择要不要生气，要不要哭，要不要害怕。孩子来到这个世界时，各种各样的情绪就随着他的生命来到这个世界。情绪本身不分好坏，不是道德范畴的问题。

那情绪到底是什么呢？情绪是人面对外界刺激的一种自然反应。比如孩子遇到了什么人，遇到了什么事情，看到了什么东西，听到了什么话，他的五种感官接受外界刺激时就会自然产生反应，而反应大致可以分成舒服和不舒服两种。

当孩子的心理营养被滋养，或者被接纳、被重视，被肯定、赞美、认同时，就会产生一种舒服的感觉，比如快乐、兴奋、有趣、美妙，再用舒服的情绪（表情、声音、肢体动作等)表达出来。反之，当孩子受到刺激，感觉不舒服，比如害怕、生气、悲伤等，孩子就会用不舒服的情绪（表情、声音、肢体动作等)表达出来。

情绪没有对错好坏，父母要接纳孩子的各种情绪

当孩子有各种各样的情绪时，父母首先要做的就是接纳孩子的情绪，不管这种情绪是什么。

当人产生一种情绪而这种情绪被别人看见时，人就会安静下来。也就是说，别人看见了我的情绪，就已经足够让我安静了；但是如果我没有办法让别人看到我的情绪，或者别人阻止我的情绪发泄，那么很可能我会有更多情绪，我可以暂时把这种情绪压下去，但最终还是会表现或

发泄出来。

比如，孩子此刻非常生气，如果你说"孩子，你不要生气，生气是不好的"，那么这个孩子很可能会更加生气。

所以父母需要明确的是：情绪没有对和错，不分好和坏，它只是孩子的自然反应。而父母所要做的，就是最简单地接纳孩子的情绪，告诉孩子："孩子，我听到了，你很生气""我看到了，你现在很害怕""我知道你现在一定觉得很委屈"……当父母用语言或者拥抱等行为来表达，就会看到，这是最容易让孩子平静的方式。

比如孩子很想买一个东西，但是父母不想买，那么首先要告诉孩子："孩子，妈妈不想买这个。"接下来不用讲各种原因或者道理，直接说："我知道，妈妈说不想买，你一定会很难过。"这样讲就是表示，我知道我拒绝你，你一定会心情不好，有点生气、委屈，或者有点难过。妈妈这样讲就已经足够了，这比跟孩子说一堆不买的道理、责骂孩子，更能让孩子很快平静下来。

分辨情绪所传达的信息，教导孩子如何处理情绪

♀

在接纳孩子的情绪之后，父母还要去分辨，这些情绪传达了关于孩子的什么信息。孩子的情绪表达，类似信使，能够向父母传达关于孩子的信息。有时候，孩子能够感受到，却没法用语言清楚地告诉父母到底发生了什么事情，但是通过他的情绪，可以让父母知道大概发生了什么。

孩子生气的时候，是要传达什么信息呢？

一个人生气的时候，其实就是在说一个字："不"——我不喜欢，不愿意，不高兴……这有可能是针对身体的、心理的，或者是灵性（精神）的。

身体的，比如说有人推了孩子一把，然后孩子就生气了，这是因为孩子的身体不愿意让别人推一把。

心理的，就是孩子不愿意、不喜欢甚至抗议别人这样做，孩子的感情在说"不"。

什么是灵性的呢？简单来讲，就是关系到一个孩子的价值。当孩子觉得自己的价值受损害时，比如别人批评这

个孩子的人格，说这个孩子没有用、没出息，那孩子的内心也会蹦出一个字——"不"。

所以当一个孩子生气的时候，就是在说"不"。至于孩子反对的是什么，抗议的是什么，不愿意的是什么，是父母要尝试去了解的。

孩子恐惧的时候，是要传达什么信息呢？

当孩子表现得很恐惧时，如果只是告诉孩子"不要怕"，其实一点用都没有。孩子之所以感到恐惧，是因为感觉到了危险，他的直觉是自己会受到伤害。所以此时最重要的是告诉孩子，你现在可以做什么。对孩子讲的第一句话应该是"孩子，我看到了，你很害怕"，第二句话是"当你害怕的时候，你可以做的是……"，恐惧传递的信息就是"危险"，当孩子知道怎么做不会受到伤害时，就可以不再恐惧了。

孩子悲伤的时候，是要传达什么信息呢？

"悲"字是由"非"和"心"两部分组成的。所以，当一个孩子觉得悲伤时，一定是有他心里不愿意的事情发生了。"伤"字繁体字为"傷"，从字形来看，是一个人和另一个人的关系改变（"易"）了，简单来说，都跟失落有关。所以当孩子悲伤时，一般是正在面对或者即将面对一些东西的失去，这时他心里非常不愿意，失落越大，悲伤越多。

孩子嫉妒的时候，是要传达什么信息呢？

当一个孩子表现出嫉妒的时候，表示孩子觉得自己缺乏某个东西，而且他很在意这个东西。第一，孩子很想要这个东西，如果他不想要，就算看到别人有，也不会嫉妒。第二，孩子现在没有这个东西，如果他已经拥有了，就不用嫉妒。

比如，妈妈跟妹妹的关系更好，于是每次孩子看到妈妈跟妹妹开心说话的时候就很嫉妒。其实，这就是在告诉妈妈，他非常想要得到和妹妹一样的待遇，而现在他觉得自己没有。

从孩子的嫉妒可以知道孩子的渴望是什么，父母尽量不要看到孩子嫉妒就责备他，或者讲一堆大道理，其实这些都是没有用的。既然孩子现在非常渴望得到某个东西，那么父母可以看看能够做些什么来化解孩子的情绪。

孩子的每一个情绪，都在告诉父母关于孩子自己的信息，根据这个信息就可以帮助孩子处理引发情绪的事件。

无论孩子有什么样的情绪，父母所要做的，第一是看见并接纳孩子的情绪——告诉孩子，我看到了你有这样的情绪。第二是分辨孩子的情绪所传达的信息，然后据此处理具体的事情——告诉孩子：我知道了，你现在这么生气，一定是你不愿意；你现在这么嫉妒，一定是很希望得到什么；你现在这么害怕，一定是因为你感觉到很危险，来，妈妈教你怎么办……

当父母这样做时，孩子的情绪一般会慢慢平静下来，而不是积累在心里。否则，当这种情绪越积越多时，孩子遇到一点小事就会爆发，表现出各种各样的偏差行为。

孩子因被拒绝
而持续哭闹，
怎么办？

一位妈妈的孩子三岁左右，孩子想要什么东西，就一定要得到，否则就使劲哭闹，怎么说都不听。父母告诉孩子该给的都会给他，不该给的就坚持不给，可孩子还是会继续哭闹，有时甚至哭闹一个多小时。妈妈问，如何理解和接纳孩子的行为？

孩子这样哭闹，最根本的原因，是他认为这种哭闹的方法是有效的，能够得到他想要的东西。

案例中的父母认为该给的都已经给了，不该给的也做到了坚持不给。这样做时要注意一点——在态度上要温和而坚持。

如果父母用打骂、指责孩子的方式来拒绝孩子，跟孩子通过哭闹来得到他想要的东西，本质其实是一样的：孩子，现在我要你听我的话，你不听，那我就指责你、打骂你，直到你能够听话为止——父母对孩子示范的其实是同样的方法。

任何一个人被拒绝，不管被拒绝的是老人、孩子还是成年人，肯定是不高兴、不快乐的。因此，如果真的需要拒绝孩子，首先要接纳一个事实——孩子会不高兴。

当孩子不高兴甚至不断哭闹时，父母要做的，就是温和地坚持，拒绝孩子的不合理要求，在坚持的时候，一定不能去指责、批判、辱骂甚至殴打孩子。

当孩子因为被拒绝而发脾气、哭闹的时候，可以告诉孩子："孩子，妈妈知道你很想得到这个东西，可是今天不能给你买，妈妈知道，你被拒绝了，一定很难过、很伤心。妈妈可以抱抱你，等你的伤心过去。"妈妈可以坚持不买的决定，同时又温和地对待孩子。

如果孩子发脾气不肯让妈妈抱，或者他的哭闹影响了妈妈，让妈妈失去耐心，变得烦躁，很想责骂孩子时，可以跟孩子说："等到你不生气、不哭闹了，妈妈再过来抱你。"讲完以后，妈妈就离开孩子，在孩子无法影响的范围里，等到孩子比较安静时，再过去抱抱他，对他说："妈妈知道你很难过，来，抱一下。"也有一种可能，当妈妈靠近时，孩子又开始哭闹发脾气，那就重复这个办法，再一次跟孩子讲："妈妈知道你现在心情不好，你自己待一会儿，等你安静了，我再来跟你说话。"然后离开孩子，保持一点距离，等着他就好。

孩子能够坚持哭闹很久，常常有两种情况。

情况一：孩子不断哭闹，是因为他相信能够通过哭闹得到他想要的东西。 如果父母因为孩子哭闹而妥协，孩子会发现父母所谓的坚持不是真的，他会不断试探哭闹多久父母才会妥协，然后一次又一次通过哭闹来达到目的。父母的妥协实际上在强化孩子的这种想法，成为孩子哭闹的"助推器"。

情况二：孩子坚持哭闹，可能是在模仿父母。 有些父母，不是不坚持，而是不温和。父母习惯用指责、打骂的方式批评孩子，虽然坚持了，但是给孩子示范了发脾气。于是孩子模仿父母的方法，但自己年纪太小，无法指责父母，因此用哭闹来代替。当孩子发现哭闹这个方式有效时，就会不断地哭闹，每次哭闹的时间也越来越久。随着年龄增长，等到可以用语言反击的时候，他就会用同样的方式来指责和反驳自己的父母。

所以遇到孩子想要某个东西并且非得到不可的情况，最好的方法就是温和而又坚持地拒绝。父母如果不坚持，就会看到孩子非常坚持；如果不温和，就会看到孩子哭闹得很厉害。

孩子脾气倔强
越哄越哭，
怎么办？

有一位家长，女儿七岁，准备读小学了。她从小脾气就比较倔强、爱哭，遇到一些很小的事情就会发脾气，要哭很久才能够平复下来。父母先是哄她，可是越哄越哭；后来就改成跟孩子沟通，事情是怎么发生的，结果会怎样，告诉孩子哭是解决不了问题的，但孩子也不听；也试过冷处理，对孩子冷漠，不理她，但这样孩子一整天都心情不好，还会发脾气。对于这样一个孩子，该怎么办呢？

我们来分析一下案例中这位家长用的方法：第一，用哄的方法，简单来说，就是让孩子不要哭了；第二，讲道理，简单来说，就是教导孩子哭没有用，哭解决不了问题。其实这两个方法都是在表示，哭是不好的、不对的。

其实哭是人类独有的一种处理情绪的方法，是发泄情绪非常好的途径。当孩子有情绪的时候，他的身体里会有一股让他很不舒服的能量，对于这股能量，孩子不知道该怎么办，更不知道怎样把它转化成可以改变、成长、学习的能量，所以孩子天然的处理方法，就是用哭把能量释放出来。

父母无论是哄孩子，还是告诉孩子哭解决不了问题，其本质都是不接纳孩子哭。那么怎样去表达接纳孩子的哭闹呢？方法很简单，可以说："孩子，我知道，你现在一定很不舒服。"

然后，再看看孩子哭的原因——是生气而哭吗？如果孩子是因为生气而哭，那就是孩子不喜欢、不同意。是因为悲伤而哭吗？如果哭的原因是悲伤，那就看看孩子失去了什么。是因为焦虑而哭吗？如果孩子是因为焦虑而哭，那可能是孩子觉得自己不够好、做不到。是因为嫉妒而哭吗？嫉妒是因为孩子看到别人有而自己没有……

哭，是外在的表现，它投射的是各种情绪。父母要去分辨孩子哭的原因是什么，然后告诉孩子：我看到了，你现在很生气/很悲伤/很焦虑/很嫉妒……就这样简单清楚地说出孩子哭的原因，非常明确地对孩子表达一种接纳的态度。不要告诉孩子不要哭、哭没有用、哭解决不了问题，不要讲这种不接纳孩子情绪的话，告诉孩子不准哭、不要哭、不许哭、哭没用，这其实是在拒绝孩子。

最糟糕的，就是案例中父母所用的第三种方法——孩子哭的时候，冷落孩子。

可以告诉孩子："妈妈看到了，你现在心情不好，如果你要跟妈妈说什么，妈妈就在这里等着你。等到你准备好了，你可以告诉妈妈发生了什么事情，妈妈会认真倾听的。"先接纳孩子哭的情绪，然后倾听孩子的话。一般来讲，有没有处理那个问题并不重要。当情绪被看到、被接纳时，孩子就能够平静下来了。

孩子生气
一跑了之,
怎么办?

有一位妈妈，女儿三岁半。女儿一生气就会跑，而且跑得很远，如果妈妈担心她的安全而追上去，她看到妈妈追过来，就会继续向前跑。有一次，女儿跑着跑着就摔倒了，妈妈说："没事吧？你慢点走！"女儿一听又生气了，继续向前跑。妈妈问女儿："你为什么要跑啊？"女儿说她生气了，所以她要跑，跑得远远的，离开妈妈。妈妈就告诉女儿："看到你跑远了，妈妈很担心你的安全。"可是女儿下次生气时还会这样跑开。

　　首先想要告诉这位妈妈的是：当孩子有任何负面情绪时，他们的身体里就会产生一种能量，这种能量原本是为了推动孩子去改变、成长或者学习一些新东西而产生的。可是大部分孩子还不懂得怎样把这种情绪能量转变成推动成长的力量，所以这种能量会一直留在孩子的身体里，孩子因而觉得很不舒服。因此，父母要教导孩子，如果没有办法去改变环境、改变别人，而自己又觉得很不舒服，就要学会把这种能量舒放出来。

教导孩子舒放情绪能量的方法，大致分为三类。

第一类方法：用文字表达的形式把不舒服的情绪舒放出来。比如，教导孩子通过说、写或者画画，把情绪舒放出来。当孩子说的时候，我们就听；当孩子写的时候，我们就看；当孩子画画的时候，我们可以坐在他旁边陪着他，等他画完了，我们可以跟孩子聊一聊他的画。这样，孩子的情绪就能够舒放出来了。

第二类方法：把情绪的能量转化成为一种动能，通过各种各样的活动，比如玩游戏、奔跑、跳舞等，把不舒服的情绪舒放出去。

第三类方法：把不舒服的情绪能量变成一种声能，比如喊叫、唱歌等，把不舒服的情绪舒放出去。

一般来说，孩子舒放情绪就是这三类方法——文字表达、动能或声能。案例中的女儿，就是用动能舒放情绪的。当她生气的时候，就想跑得远远的。第一，她发现当她这样跑的时候，身体里不舒服的能量能够释放出来——跑了一段路之后，她会觉得身体舒服很多。第二，她用跑开的方式表达抗议：我不想看到你，跑得远远的，就看不到你了，也就不会这么生气了。

妈妈在教导孩子不要跑（因为如果孩子跑得太远，父母看不到，确实很危险）的同时，一定要教导孩子："你不需要用跑远的方法来处理生气的情绪，可以用别的方法来处理。"

妈妈可以试着让孩子在生气时用语言把生气的原委说出来。"孩子，你不舒服的时候，可以这样说：当某某事情发生时，我很生气，我希望妈妈可以这样做……"或者用更简单的方式，让孩子把不舒服的情绪直接表达出来。比如："我生气了，现在我非常非常生气，我现在不想看到你……"

当孩子有其他渠道可以处理情绪时，就不需要用动能的方法了。奔跑是比较良性积极的动能，有些孩子生气时会摔东西，甚至打人。所以，告诉孩子不可以用跑远的方式舒放情绪的同时，一定要告诉孩子，可以用怎样一种比较健康的方法来舒放情绪。

孩子情绪失控
不依不饶，
怎么办？

有一位妈妈，儿子快五岁了，在幼儿园时表现非常好，老师说他很乖巧听话，在外边玩的时候也特别谨慎。可是在家里，他对父母态度非常暴躁，一言不合就着急生气，气到自己不断流眼泪，甚至会对父母拳打脚踢！

　　这位妈妈举例说，最近因为她不小心把儿子的图画剪了下来，儿子非常生气，而且无理取闹，非要妈妈重新安上去。无论妈妈怎样道歉、安慰他、抱他，试图平息他的怒火，儿子都不依不饶推妈妈、踢妈妈，直到妈妈的怒火也被点燃，最后也对儿子大吼大叫。妈妈说，最近儿子常常有类似情绪失控的情况，应该怎样抚平孩子的情绪呢？

妈妈还提到，儿子两岁多时，妈妈还不能够接纳儿子的情绪，当儿子叛逆时，她的应对方法就是对儿子不理不睬，有时会对他发很大的脾气，儿子经常是哭着来又哭着走。妈妈很疑惑，儿子现在这样闹情绪，跟两岁叛逆期时没有被接纳和安慰，是否有关系呢？

不管是否跟两岁的叛逆有关系，非常明显的是，现在这个孩子有很多情绪。孩子主要的情绪来源有两个地方：一是学校，二是家庭。

首先，这个孩子在外面表现得非常乖巧，也特别谨慎，那么妈妈需要关注的是，孩子在学校里有没有被其他小孩欺负。如果他在外面被欺负，而他又很乖巧，或者因为害怕不敢说出来，那他肯定会把这些累积的情绪能量带到家里来。回到家之后，他很可能通过破坏东西、打人、发脾气等方式来舒放自己的情绪。所以父母一定要去关注，孩子的情绪来源是什么。

如果妈妈已经查清楚了，孩子在学校里并没有被欺负，那么很可能的原因就是，孩子跟爸爸、妈妈的关系，或者是爸爸妈妈之间的关系出了问题，从而引发了孩子的暴躁情绪。

孩子和爸爸的关系

○

如果这是造成孩子有很多情绪的原因，那么爸爸要问自己，有没有给孩子足够的心理营养？孩子最想从爸爸身上得到的就是肯定、赞美、认同，所以爸爸要问问自己，有没有在孩子做得不错时说："孩子，我看到了，你做得不错！我看到，你又进步了！"爸爸不需要用很夸大的言辞，比如："孩子，你好棒啊！""我的孩子最厉害了！"只要把孩子真正有进步的地方告诉他，给他足够的心理营养，对于孩子的情绪稳定会有很大的安抚作用。

孩子和妈妈的关系

○

妈妈尽量不要用责骂或者情绪化的方式来对待孩子。

案例中的妈妈提到，在孩子两岁多时，妈妈曾经对他不理不睬，甚至发很大的脾气。过去怎样已经成为既成事实，重要的是现在怎样对待孩子，如果现在能够改变，是可以让孩子放下那些暴躁情绪的。

妈妈要做的是什么呢？妈妈在生气时可以坚定地告诉孩子："你这样做，妈妈是不喜欢、不高兴的。"但是妈妈不要用大吼大叫的方式来对待孩子，这样坚持三个月以上，孩子的暴躁情绪就能够慢慢缓解。

妈妈自己有情绪，这是可以理解的。请妈妈另外找渠道来舒放，而不要把这些情绪发泄在自己的孩子身上。如果妈妈非常焦虑，有很多恐惧情绪，而且这种情绪能量常常发泄在孩子的身上，比如恐吓孩子、不断表示对孩子的担忧，孩子就会收到很多不舒服的情绪。等到这些不舒服的情绪积累多了，也许就会用不那么健康的方法来发泄了。

总之，妈妈要尽量让自己的情绪相对来说比较稳定，可以告诉孩子乱发脾气不对，可以表情严肃，但是不要失控地对孩子大吼大叫。爸爸则要多肯定、赞美、认同孩子，特别是对男孩子来说，有很好的安抚作用。

与渴望联结：每个问题，都是给予心理营养的最佳时机 ——○

与渴望联结：每个问题，都是给予心理营养的最佳时机 ——

③

与渴望联结

〔马来西亚〕林文采 著

中国友谊出版公司

图书在版编目（CIP）数据

与渴望联结：林文采博士心理营养育儿法：精华版 /（马来）林文采著 . -- 北京：中国友谊出版公司，2020.12

ISBN 978-7-5057-5041-8

Ⅰ.①与… Ⅱ.①林… Ⅲ.①儿童教育－家庭教育 Ⅳ.① G782

中国版本图书馆 CIP 数据核字（2020）第 219176 号

书名	**与渴望联结：林文采博士心理营养育儿法：精华版**
作者	（马来西亚）林文采
出版	中国友谊出版公司
发行	中国友谊出版公司
经销	新华书店
印刷	天津旭丰源印刷有限公司
规格	880×1230 毫米　32 开 20.5 印张　311 千字
版次	2020 年 12 月第 1 版
印次	2020 年 12 月第 1 次印刷
书号	ISBN 978-7-5057-5041-8
定价	86.00 元（全 4 册）
地址	北京市朝阳区西坝河南里 17 号楼
邮编	100028
电话	（010）64678009

01

上幼儿园后情绪多，怎么办？

父母给孩子足够多的

陪伴时间和爱，

就是给孩子最大的礼物。

孩子上幼儿园以后不适应，情绪多，怎么办？

孩子上幼儿园以后情绪特别多，关于这个问题，我收到过很多妈妈的留言。

有些妈妈说，孩子在家里非常活泼开朗，可是在幼儿园不爱说话，不愿意和小朋友交往，幼儿园举办的活动也不愿意参加。

还有一些妈妈说，孩子在家里很平和，跟家人相处得也很好，可是在幼儿园会打其他小朋友，特别容易发脾气。

也有一些妈妈说，不知道为什么，孩子回到家之后，对于幼儿园的事情避而不谈，不像别人家的孩子，回到家就会叽叽喳喳主动跟父母讲在幼儿园的各种见闻，虽然父母未必能听明白。

还有一个妈妈说，她的孩子放学回到家会拼命吃东西，不知道为什么要吃那么多。

如果孩子上幼儿园之前没有这些情况，上幼儿园之后非常明显地出现了这些情况，说明现在孩子内心确实增加了很多情绪，而且这些情绪很可能是由去幼儿园引发的。那么，为什么去幼儿园会引发这么多情绪呢？基本上是出于两大原因。

孩子产生了分离焦虑

孩子在0—3岁的时候，在心理上和他的重要他人——通常是妈妈——会有一种共生的感觉，孩子认为自己和妈妈在心理上是同一个人。在身体上，从孩子出生后剪断脐带开始，孩子跟妈妈就是两个独立的个体。可是在心理上，要经过至少三年时间，孩子才能意识到"原来我和妈妈是独立的两个人"。理论上来说，孩子一般在三岁前后才能独立，和他的重要他人分离。要做到这一点，孩子需要在三岁之前大量地吸收安全感。

如何给孩子足够的安全感呢？主要包括三个方面：

○ 妈妈的情绪稳定。

○ 父母关系融洽，给孩子的感受是非常稳定的，而不是经常吵架，甚至要离婚。

○ 父母或者其他重要他人，愿意给孩子足够的选择权，让孩子为自己的事情负责任。比如，孩子能够自己吃饭、喝水、收拾玩具、整理书本或者其他东西。简单来说，就是孩子能够自己做的，都要让孩子自己做。如果家长总是为了快点做完，习惯性地代替孩子去做，而孩子什么都不会做，那么孩子对自己是没有安全感的。

以上三个方面如果都能做到，一般来说，孩子大概在三岁就能有足够的安全感，这种安全感可以让孩子在心理上独立自主，能够跟妈妈分离。

也正是在这个阶段，孩子开始经历人生中的第一次重大分离事件——离开家去上幼儿园，独自在外面待一整天。一个有足够安全感的孩子，面对这样的分离，虽然会难过，但是不会痛苦，更不会觉得"我要崩溃了"。虽然觉得难过，甚至会哭一会儿，但是新鲜的环境、新奇的玩具，会让孩子觉得兴奋，逐渐将难过抛诸脑后。

而那些安全感不足的孩子，面对这种分离会非常焦虑，觉得很痛苦，甚至觉得"天要塌下来了"，因为他感觉是硬生生地和重要他人分开、撕裂了，因而产生了很多情绪，外在可能表现为不说话，或者打人，或者放学一回到家就吃很多东西以作安慰。

如何判断孩子的安全感是否足够呢？一般来说，如果孩子过了一个月，还不能适应幼儿园的生活，比如父母离开幼儿园之后，孩子一直哭，超过30分钟，甚至超过一个小时，这种情况延续超过一个月的时间，就说明孩子的安全感还不足以让他去幼儿园。

很多孩子在两三岁时，就被送去上幼儿园，这样的年龄安全感往往是不足的，会产生很多分离焦虑。父母不能因为自己忙，无暇照看孩子，就强行把孩子送去幼儿园。一定要等到孩子有了足够的安全感，能够承担这样的分离焦虑，再送孩子去幼儿园。如果孩子需要，甚至可以让孩子在家里多待一年，在这一年里多多陪伴孩子，准备好去面对幼儿园的生活。

总之，孩子产生很多情绪的首要原因，就是安全感不足，他无法面对分离焦虑所造成的痛苦，所以父母要想办法让孩子有安全感，千万不要因为孩子有情绪就打骂孩子，否则情况会越来越糟。

孩子面对压力时不知如何应对

当孩子要面对很多新的东西，而且是他完全不了解的，就可能会产生心理压力。在幼儿园会遇到很多小朋友，有各种各样的性格，老师也是陌生的大人，这些和孩子在家里的情况是完全不同的。当孩子遇到了新的人、新的要求、新的相处方式时，就会有压力，因而产生一些情绪。

当新环境中有太多的不确定性，而孩子又不知道如何去应对时，父母可以做什么呢？在家里，可以和孩子做一些角色对换、角色扮演和场景模拟的游戏。

刚去上幼儿园的孩子，一般是三四岁，这个年龄的孩子通常不知道如何把自己经历的事情很清楚地告诉爸爸妈妈，当被问到幼儿园里的情况时，孩子不是不想说，而是没办法说清楚。因此可以通过角色对换、角色扮演和场景模拟的方法，来推测孩子在幼儿园里的情况。

比如角色对换，可以跟孩子一起玩游戏，让孩子扮演老师，父母扮演小朋友，模拟一些可能会发生的场景，比如父母扮演小朋友说"老师，我很害怕""我来到这里，没有人和我玩"，或者"老师，有一个小朋友，他常常打我，我要怎么办呢"，看看孩子的反应。这种角色对换的方法，对那些很难说清楚问题的孩子特别有帮助。除了角色对换，还可以进行角色扮演，比如可以让孩子扮演机器猫，用孩子熟悉的动画角色来对话。这样孩子就比较容易把幼儿园里的情况展示出来。父母可以通过这样的角色扮演教导孩子怎么说、怎么做，帮孩子在家里做一些训练。当孩子学会面对陌生的人、应对陌生的事情时，就不会有那么大的压力，也就不会有那么多情绪了。

最后，要提醒父母的一点是，当孩子对你表达他的情绪时，你能做的最直接的帮助就是接纳孩子。比如可以对孩子说："孩子，我看到了，你很生气，告诉妈妈发生了什么事？"当孩子有情绪时，父母自己尽量不要有情绪，而要让孩子能够安心把自己的情况说出来，然后教导孩子应该怎么说、怎么做。

　　一般来说，如果孩子的分离焦虑是因为缺乏安全感，那就需要补足孩子的安全感，这可能要花比较多的时间，必要时可以先暂停去幼儿园，多多陪伴孩子。如果孩子是因为面对新环境产生了很大压力，因为有压力而产生情绪，那么可以用角色对换、角色扮演和场景模拟的方法，帮助孩子学会处理新情况。

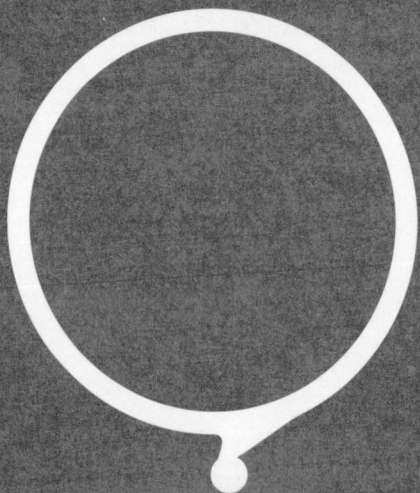

来不及上卫生间而弄脏裤子，怎么办？

有一位妈妈，儿子六岁了，有一次在教室里午休，来不及去卫生间，就把大便拉到了裤子里。当时同班同学有些私下议论，但是老师和家长都采用了比较温和、低调的态度来处理，希望事情能够顺利过去。可是在随后的几天里，孩子总是出现不能及时上卫生间、把大便拉到裤子里的情况，妈妈就忍不住开始批评孩子。那么这种情况应该怎样处理呢？

妈妈首先要去关注的是：当孩子出现以前没有而现在突然出现的行为，到底是什么原因？在这个案例中，妈妈需要考虑这是生理原因还是心理原因。

生理上出现了问题，比如肠胃不太好导致急性腹泻，那么孩子有便意的时候是来不及去卫生间的。如果排除了生理原因，那就可能是心理上的原因。

心理上会有什么原因呢？

有些孩子，特别是性格比较敏感的孩子，会用身体自然的方法来舒放情绪，也就是让身体一下子紧张起来，然后一下子放松。比如，有些孩子情绪很紧张时，我们会教导孩子先把手抓得很紧，让整个肌肉都很紧绷，然后再一点一点慢慢地放松。在这一紧一松中，孩子的情绪会得到舒放。这种方法其实并不能从根本上处理情绪，但是能帮助孩子把身体里的情绪和能量舒放出来。因此，一些非常敏感的孩子，有时候会表现出偏差行为，最严重的就是自残，通过自残让身体的肌肉先紧张再舒放。

但是也有一些孩子，会用比较温和的方法去舒放情绪，比如憋大便。孩子在憋到不能再憋的时候，把它一下子舒放出来，身体就得到了一紧一松的机会，这也是一种让身体舒放情绪的方法。如果孩子在生活中出现上述情况，妈妈要注意观察孩子，他在生活中一定是有情绪的，此时可以引导孩子用一些比较健康的方式把情绪舒放出来。

以案例中的孩子为例，最简单的一个方法，就是让他画一幅画。给孩子一个非常简单的题目，比如"我的家""我的学校""我喜欢的玩具""我最喜欢的人"等，让孩子随意乱画，不用很复杂。

比如让孩子画人、树、房子，等孩子画完了，妈妈可以尝试跟孩子对话。

妈妈："孩子，我看到你先画的是树，这棵树在这里有多久了？"

孩子："这棵树嘛，已经在这里有七年了。"

妈妈："这棵树在这里七年了，那这棵树应该认识这个房子里的人。它认识这个房子里的人吗？"

孩子："认识啊！"

妈妈："他们是谁呢？"

孩子："爸爸、妈妈、哥哥，还有一个妹妹。"

妈妈："这棵树最喜欢家里面的哪个人？"

孩子："最喜欢的就是妈妈。"

妈妈："为什么喜欢妈妈呢？"

孩子："妈妈会唱歌，还把孩子照顾得很好，妈妈煮的饭很好吃。"

妈妈："哦！原来妈妈这么好！那这个妈妈会讲故事给孩子听吗？"

孩子："会。"

妈妈："她最喜欢讲的是哪个故事？"

孩子可以通过诸如此类的一问一答，把情绪舒放出来。当他再有便意时，就会赶紧去卫生间，而不会一直到憋不住时才去。

另一方面，妈妈可以告诉孩子："你有便意的时候，一定要赶快去卫生间。如果是在幼儿园，你要跟老师说，现在有便意，需要去卫生间。如果是在午休时，一旦有便意，千万不要等，马上就去卫生间。"

有时孩子真的来不及去卫生间，会弄脏裤子，那么父母需要提前准备一个干净的袋子，装一条备用的裤子和一条小毛巾。然后教导孩子，如果真的来不及去卫生间，应当如何处理：第一步，先把弄脏的裤子脱下来，然后把自己擦干净，擦拭的毛巾可以放在提前准备好的袋子里。第二步，用水冲洗脏的裤子，把裤子大致洗一下，拧干后放进袋子里。第三步，换上备用的干净裤子，把袋子带回家。这个过程中如果需要老师提供帮助，家长一定要特别跟老师道谢。

总结一下

孩子只要不是因为肠胃不好，有便意来不及去卫生间，一般情况下是没有问题的。如果孩子是因为情绪导致拉裤子中，那么家长首先要接纳，态度一定要平和，然后教导孩子怎样处理自己遇到的麻烦。

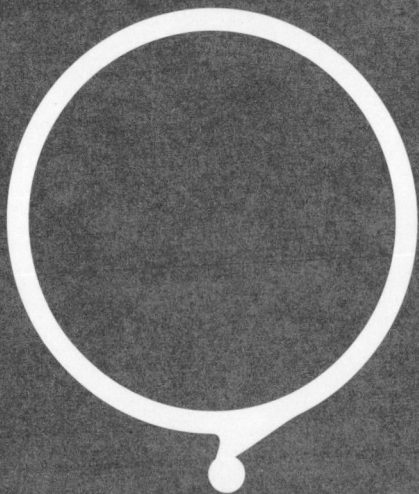

孩子常常啃指甲，
怎么办？

很多小孩，包括上幼儿园和上小学的孩子，常常会有一种现象：啃指甲。

有一位妈妈，女儿今年四岁，从小都是妈妈自己带的，一直母乳喂养到两岁　一般来说，这个孩子的安全感应该是足够的　小时候她从来不啃指甲，可是自从三岁上了幼儿园之后，就经常啃手指甲，两只手都被啃得红通通的，甚至会流血　问她为什么啃指甲，孩子说不出来原因　妈妈说，孩子在幼儿园里吃饭挑食，午睡时不容易独自睡，因为在家里睡觉都是有妈妈陪着的　由于这些事情她总是受到老师的批评，因而害怕老师　妈妈特别希其实这个问题，是没有办法头痛医头、脚痛医脚的。

由于很多小孩子都会啃指甲，所以催生了各种各样的方法，以帮助孩子改掉啃指甲的习惯。比如网上销售的一种药水，涂在孩子的指甲上，药水的味道非常苦或非常辣，就会促使孩子不再啃指甲。

这个方法有效吗？有一位妈妈真的试过这个方法，短期来看好像是有效的，孩子不再啃指甲了。可是你知道后来发生了什么事情吗？这个孩子出现了面部抽动症，面部的肌肉会不由自主地抽动。表面上这个妈妈帮孩子改掉了啃指甲的毛病，但是因为没有了解孩子啃指甲的真正原因，只是简单地头痛医头、脚痛医脚，所以即便改了啃指甲的毛病，孩子内在的情绪还是会通过其他方式表现出来，孩子会不断出现其他毛病。只有消除了根本原因，孩子才能够安心。

一般来说，孩子之所以常常啃指甲，是因为他的心里非常焦虑。和孩子自残、自虐，损伤自己的身体不一样，啃指甲的孩子，虽然原因是各种各样的，但这个行为表达的都是同一种情绪，就是孩子非常非常焦虑。

当孩子焦虑时，身体会很不舒服，进而用生理回馈法来缓解焦虑。所谓"生理回馈法"，就是让身体感觉到危险，通过自我损伤的方法让身体紧张，然后再让身体放松，这时就能大量地舒放情绪。对小孩来说，当他觉得非常焦虑，又没有办法通过语言表达出来，父母又没有看出他十分焦虑的时候，最常用的方法就是啃指甲。

那么孩子为什么会这么焦虑呢？最重要的原因，是孩子觉得自己不够好。焦虑其实就是一个自我的问题，焦虑的潜台词就是"我不够好"。一个孩子越自信，焦虑就越少；越是感觉紧张、觉得自己不够好，就会越焦虑。

孩子四五岁时，很关心的就是：我是一个怎样的孩子？我够好吗？我可爱吗？我聪明吗？……孩子对自我充满了焦虑，也充满了好奇。孩子主要的自我评价，不是由他自己，而完全是由他的重要他人，也就是自己之外的其他人的评价决定的。

所以，当孩子进入幼儿园时，幼儿园的老师相对来说也是他的一个重要他人——通常孩子越小，越容易把老师当成重要他人。父母常常会听到孩子说，老师说这个，老师说那个……如果无法达到老师的要求，孩子就会觉得自己非常糟糕。

案例中的这个女孩，焦虑的主要原因是被老师批评，当她在幼儿园里因为挑食或者不能独自睡而被批评时，就会对自我充满焦虑，觉得自己很糟糕，但是她又没有办法马上改变自己的习惯。这种情况下，我的建议是，妈妈可以针对孩子的焦虑做一点工作，告诉孩子："不要紧，孩子，妈妈能够接受你，你什么问题都没有，你只是需要一点时间去适应和学习。"

针对孩子挑食，妈妈不要说"你就改了吧"。因为这么小的孩子，你单纯跟她讲要怎样改变习惯，她是做不到的。她需要有一个过程，在这个过程里，要让孩子能够接受自己，并且尝试去改变。而在孩子尝试时，要告诉孩子："就算你还没有做到，你一样是很好的孩子；你一点问题都没有，只是需要一点时间。"

如果孩子啃指甲啃得都流血了，妈妈就需要去跟老师谈谈，告诉老师孩子焦虑的情况，请老师不要批评她，并且告诉孩子："不要紧，孩子，你可以有多一点时间，慢慢地你一定可以做到。老师很喜欢你，觉得你是一个很好的孩子。"老师这些话对孩子的帮助也是很大的。

另外一个建议，就是当孩子很焦虑时，要帮助他找到舒放焦虑的方法，比如每天放学回家后画一幅画，画完以后，问孩子关于这幅画的一些问题。

在实践中，用这样的方法确实帮助了很多啃指甲的孩子，很多孩子一周后就能够不啃指甲了。

总结一下

对于啃指甲的问题，可以从两个方面入手解决：

第一，要跟老师合作，与老师沟通孩子的焦虑问题，请老师给孩子肯定、赞美、认同。对于孩子还不能够做到的事，要告诉孩子："你一点问题都没有，你是个很好的孩子，只是需要一点时间。"

第二，可以跟孩子一起唱歌、讲故事、画画……帮助孩子舒放焦虑的情绪。

在幼儿园总是大声喊叫，怎么办？

有一位妈妈，儿子快六岁了，在上幼儿园大班，最近在幼儿园里总是会啊啊啊地大叫很长时间，喊完以后还会咬自己的手指，在家里也会这样，爷爷奶奶的心脏都受不了了。孩子的语言表达能力不是很好，没办法清楚地叙述事情，所以父母问来问去也问不出什么，怎么安慰他都没有效果，弄得家人心烦意乱。这到底该怎么办呢？

前面提到，孩子之所以会啃指甲，一个重要的原因是他很焦虑，至于焦虑的起因可能有很多。情绪能够产生能量，可以通过表达将其舒放出来。至于表达的方式，可以用说、写或者画。下面就来谈谈怎样用语言来舒放情绪。

舒放情绪，最重要的是通过一种间接方法把内在的情绪能量释放出来，它不在于说了什么，也不在于能否用语言描述真实的情况。对于案例中这个语言表达能力不强的孩子，可以尝试讲故事或者故事接龙。

第一天，可以先讲个故事。

妈妈可以说："孩子，今天妈妈讲一个故事给你听，然后你要把这个故事讲给妈妈听。"故事可以针对孩子可能在幼儿园遇到的问题，通过孩子那些不是很完整的语言去猜测所发生的事，把它变成一个小故事。故事的主题可以是：被朋友欺负了怎么办？被同学嘲笑了怎么办？被老师责骂了怎么办？习题不会做，学习跟不上怎么办？在班上被冤枉了怎么办？诸如此类，编成一个小故事，讲给孩子听。

"从前班上有一个小孩子——来，孩子，你想给他取什么名字？"如果孩子说"小明"，那就接着讲："好，我们就给这个孩子取名叫小明。小明是一个什么样的孩子呢？哦，小明是一个非常善良又活泼开朗的孩子。班上还有一个小孩，有时候不喜欢小明。这个小孩，我们要给他取什么名字？"孩子给他取了个名字叫"小黄"，然后妈妈继续讲："好，小黄有一天故意把小明正在看的故事书抢走，不还给小明。对此，你有什么看法？你对小明这个孩子有什么看法？你对小黄这个孩子又有什么看法？班上的老师和其他同学又有什么看法？……"针对故事，预设一些问题，跟孩子交流，引导孩子表达。

第二天，可以玩故事接龙的游戏。

第二天，通过玩故事接龙的游戏，复述前一天妈妈讲过的故事。所谓故事接龙，就是妈妈讲一句、孩子讲一句。比如妈妈先开始讲"从前班上有一个小孩子"，然后让孩子讲，这样一人讲一句，把前一天的故事讲完。第三天继续讲故事，可以重复前一天讲的故事，也可以接下去讲后来可能会发生的故事。

讲故事的重点，并非要猜测孩子遇到的事，而是让孩子舒放情绪。所讲的故事只要和情绪相关，比如孩子觉得委屈、悲伤，或者其他情况，他自然而然会在你一句、我一句的故事里，间接地把自己的经历加进原有情节里。当孩子有机会通过故事讲出自己的情绪感受，并且一次又一次重复时，他的情绪自然而然就能得到舒放了。

特别是对那些没办法把真实情况说清楚的孩子，创建一个这样的故事场景，不管孩子讲的是否跟真实发生的情况相同，通过这种互动表达，孩子能够把情绪舒放出来，同时也锻炼了语言能力，孩子能够越来越清楚地向父母表达真实发生的情况，父母也会知道如何应对。

转园之后更加内向害羞，怎么办？

有一位妈妈，女儿五岁半，去年转学到了新的幼儿园。在之前的幼儿园，孩子就不爱说话，不爱和小朋友玩，属于敏感慢热型。到了新的幼儿园以后更是如此，不愿意回答老师的问题，以前还参加过班里组织的汇报表演等活动，现在连早操也不愿意做了。

妈妈跟孩子谈及此事时，孩子就说自己不好意思做这做那，怕自己做不好。孩子经常会说，自己做的好多事情都不如别人，其实妈妈认为她可以做得很好。孩子回家之后会去练习运动会的项目，看得出来她是喜欢运动的，可是到了幼儿园，她就不好意思参加练习了。另外，孩子从来不主动和别人打招呼。妈妈觉得她其实什么都懂，就是克服不了自己的心理。妈妈自认为属于和善的家长，陪伴孩子也比较多，现在幼儿园的老师也很和善。

妈妈想知道，孩子为什么羞涩胆小呢？应该怎么引导孩子克服害羞心理呢？

第一个原因，是这个孩子天生的气质很可能是偏冷静和忧郁型。

这样的孩子通常在学校里无法像乐天型、激进型孩子那样很快融入新环境中。他们需要更多的安全感，所以每到一个新地方，就会花很多时间来观察新环境，观察其他小朋友怎么互动，观察老师怎么对待小孩……必须等到他们觉得自己明白了，确信周围的人没有伤害性，才能慢慢地、一点一点地融入新环境，跟小朋友玩，在课堂上回答老师的问题……因此，父母要允许孩子相信自己的感觉，等孩子感觉安全为止。

案例中的小女孩，情况还是很好的，父母、老师都特别和善，不太会去强迫或者责骂孩子，对于这种比较敏感且慢热的孩子来说，只需要静待花开。

第二个原因，可能是不会太快投入感情。

这个孩子在之前的幼儿园虽然不爱说话，但是还会参加一些集体活动，为什么现在到了新的幼儿园就更加安静、害羞、谨慎小心，而不愿意参与任何活动呢？可能还有一个原因，就是不会轻易地投入感情。这类孩子如果投入感情，一般会投入得比较深。

这个孩子三岁多时进入了一个幼儿园，四岁半时转到了现在的幼儿园，有过这样的一次经历，可能她就不愿意投入太多感情了。因为对一个敏感慢热的孩子来说，她对之前的幼儿园是有感情的，当她必须转幼儿园时，虽然出于性格原因她没有说出来，但内心对以前的小朋友、老师、环境会特别留恋。所以到了新幼儿园，她担心会再次经历分离的悲伤，可能就不会太快投入感情。因此父母尽可能不要让孩子频繁更换幼儿园。

第三个原因，可能是这个孩子确实很在意自己的表现。

妈妈说对于现在幼儿园举办的各种活动，孩子会害怕自己做得不够好而不愿参加。也许是因为她换了一家教育水平更高的幼儿园，通过观察，她觉得其他小朋友懂得的比她多，所以害怕自己比不上别人。

四五岁的孩子，会自然而然地拿自己跟别人比较，这种比较最主要的并不是"我要比别人更好"，而是要确保"我和别人一样好"。所以父母可以反复告诉孩子："你是足够好的""你和别人是一样好的""你一点问题都没有"。如此，孩子慢慢就能收到一个信息："跟别人比，我一点都不差，也许我没有更好，但我是一样好的。"

父母给孩子足够多的陪伴和爱，就已经给了这个孩子最大的礼物。这类孩子特别需要的就是慈爱的父母、和善的老师，当她内心感觉已经足够安全时，自然而然就会越来越放开自己。

02

不愿意上学，
怎么办？

如果妈妈一直情绪平和、

父母的关系一直稳定，

父母允许孩子自由发挥、选择，

在这种环境里成长的孩子，

去上学是不会有什么问题的。

孩子不想上学，
怎么办？

孩子不愿意上学，是非常受关注的一个话题。有很多资深的老师、校长，都曾提到这种现象。近年来，有很多孩子，包括高中、初中、小学，甚至幼儿园的孩子，常常会说不想上学，这在过去是比较少见的。我们在研究和探讨中，发现原因可能是各种各样的。不管孩子有什么问题，为什么会产生这个问题，结果都可能是跟父母说"我不要去上学"，好像不去上学成了他们解决问题的唯一途径。

一般来讲，孩子不想去上学，可能的原因有以下三种。

第一，可能是孩子在学校里，遇到了很多人际关系上的挫折。

比如，孩子在学校里经常被欺负，或者因为交不到朋友而觉得自己不受欢迎，又或者无法面对老师的批评。这类问题和孩子的人际关系有关。孩子没有办法处理好自己面对的情况——比如某个好朋友突然不想跟他做朋友了，或者是别人的嘲笑、拒绝——于是孩子就不想去上学了。的确，对孩子来说，面对这种人际关系上的拒绝和挫败感，是一件非常痛苦的事情。

第二，可能是孩子觉得无法从学校里得到任何成就感，也就是说，在大多科目的学习中遇到了挫折。

比如说，孩子觉得在学习上比不过别人，或者没办法跟得上进度，甚至遭到批评和指责，批评和指责可能来自老师，也可能来自父母，又或者是被其他孩子嘲笑。当孩子觉得自己在学习方面跟不上时，就会觉得每天去学校是非常痛苦的一件事情。

第三，可能是孩子来自家里的心理营养不足。

心理营养不足的孩子，特别容易累积负面情绪。所以他们到学校之后，相比其他孩子更容易愤怒和悲伤，也更容易焦虑和自卑。当孩子有很多负面情绪时，抗压能力、抗挫折能力都是特别弱的。孩子忍受不了时就会说"我不要去上学"，不去上学就变成孩子逃避问题的一个方法。

在这三类比较深层的原因之外，还可能有一些比较直接的原因——孩子面对生活中的一些挫折却不能处理时，会说"我不要去上学"。比如爸爸要离开家去很远的地方工作，孩子一下子接受不了，也没有办法阻止爸爸离开家，情绪失落时也会说"不要去上学"。

除此之外，还有一个最基本的原因，就是孩子的安全感不足。孩子刚上幼儿园时，往往特别不愿意去幼儿园，有些孩子甚至会哭得好像天要塌了似的。孩子为什么会出现这么大的反应呢？年龄小的孩子，是比较简单和直接的，有这么大的反应是因为孩子有了分离焦虑。他要离开自己熟悉的家，离开熟悉的人——爸爸妈妈、爷爷奶奶、外公外婆，去陌生的幼儿园，那里的建筑、老师、小朋友，都是孩子所不熟悉的。

在面对陌生的人和事物时，最主要考验的就是孩子的安全感。所以我常建议，孩子三岁后再去幼儿园。因为从四个月到三岁这个阶段，是孩子在家里吸收安全感最重要的阶段。

那么，这个阶段的安全感从哪里来呢？

来源一：妈妈的稳定情绪。

妈妈要情绪稳定，尽量用比较温和的语气表达自己的情绪。如果生气了，妈妈可以简单地告诉孩子："你这样做，妈妈是不高兴的"，或者"妈妈生气了"。特别是在孩子三岁之前，妈妈要尽量用温和的语气跟孩子说话，不要对孩子吼叫、批评、责骂。因为这些带着负面情绪的语言，很容易吓到三岁之前的孩子，从而导致他没有办法吸收安全感。孩子有了足够的安全感，才能和父母家人分离，放心地探索那些他还不了解的人、事、物，带着好奇、冒险精神，去面对陌生的人和陌生的环境。

来源二：父母的关系融洽。

父母之间可以有争吵，但不能有互相伤害的语言或者暴力行为。父母之间可以有不同的意见，可以有冲突，但是要给孩子传递一个信息——父母不会因为这样的争吵就分开。因为孩子最害怕的就是父母说要离婚，这会让孩子非常没有安全感。我们回想一下，自己小时候看到父母大声吵架时感觉是怎样的？第一感觉一定是害怕。如果父母天天争吵，孩子不可能有安全感。

来源三：孩子的独立自主。

孩子三岁之前，在确保安全的情况下，父母要允许孩子去自由探索，允许孩子为自己所做的事负责。哪怕是把玩具从一个地方拿到另一个地方，哪怕是简单地给自己穿衣服、鞋子。孩子能够做到的事情，只要他愿意去做，就要让他自己去做，甚至可以鼓励孩子去做一些原来没有做过的事情。可以让孩子为自己生活的很多方面负责，包括吃饭、喝水、洗澡、管理自己的物品，以及照看植物或小动物等。在做这些事情的过程中，孩子能够形成对陌生的人、事、物适当的好奇心和冒险精神。

如果妈妈一直情绪平和，父母的关系一直稳定，父母允许孩子在安全的环境里自由发挥、选择，在这种环境里成长的孩子，去上幼儿园是不会有什么问题的。即便刚开始需要适应，一般两个星期之后，孩子就可以快快乐乐地去幼儿园了。

孩子不想去幼儿园，最主要的原因是分离焦虑，最好的办法就是在三岁之前，尽量把安全感的心理营养给足。如果孩子已经有了去幼儿园的分离焦虑问题，那就从今天、从现在开始，给孩子补足安全感的心理营养。

孩子突然不愿意
上幼儿园，
怎么办？

有一位妈妈，儿子马上六岁了，读幼儿园大班以前大部分时间都是奶奶接送，因为妈妈要上班，不过妈妈有时间时也会送孩子 之前孩子上学算是很乖的 最近奶奶不在家，妈妈自己带孩子已经一个月了，刚开始的两天还好，过了几天以后，孩子就不愿意去幼儿园了，被送到幼儿园时一直说"我要妈妈" 无论妈妈说什么，孩子根本就听不进去，每天都要哭闹一番 这种情况该怎么办呢？

这个孩子原来上幼儿园是没有什么问题的，在幼儿园也很乖。那为什么最近会出现不断哭闹要找妈妈的情况呢？就是因为他的奶奶最近不在家。看起来，奶奶应该是孩子的重要他人，而奶奶不在身边已经有一个月的时间，孩子心里觉得害怕，也就是有了分离焦虑。无论奶奶是否是孩子最重要的重要他人，当孩子发现奶奶很长时间都不回家时，不管是什么原因，孩子内在的感觉就是奶奶不见了，然后就产生了很多分离焦虑。孩子觉得痛苦和害怕，因为他没有办法真正理解，为什么一个重要的人就这么不见了，所以孩子就去抓紧另外一个重要他人——妈妈。

原本去幼儿园对孩子来说是没有什么问题的，但现在奶奶不在家引发了分离焦虑，所以孩子很害怕去幼儿园时妈妈也不见了。其实他的哭闹主要是表达内心的恐惧，害怕奶奶不见之后妈妈也不见了。

无论怎么向孩子解释奶奶离开的原因，其实孩子都是没办法真正理解的，因为孩子是通过自己的感受来理解世界的。现在唯一能够做的，就是妈妈调整自己的工作时间，争取更多的时间在家陪伴孩子，在奶奶离开孩子的这段时间里，确保妈妈一定是在家的，并且让孩子产生这种确信——妈妈不会离开，妈妈一定会陪在他身边。

在这段适应期，要让孩子适应奶奶不在家的日子，妈妈一定要多多陪伴孩子。尽量不要给孩子讲道理："哎呀，你必须上学啊，上学是每个孩子必须做的……"可以反复安慰孩子"妈妈一定在"，也可以告诉孩子"你去幼儿园，是帮了妈妈一个大忙，让妈妈能够安心去工作，妈妈一定是在的，你回到家就能看到妈妈了"。在家时多跟孩子在一起，多去拥抱他。当孩子哭闹时，不要急着讲太多的道理，可以只是拥抱他，抚摸他的背，平和地安慰孩子。这样做对孩子来说更加有效。

孩子害怕分离，
不愿上幼儿园，
怎么办？

一位妈妈有两个孩子，儿子五岁，女儿三岁。儿子一岁多时，曾经和妈妈有过一年的分离，回到这个家后就出现了一些问题。儿子现在最大的问题，就是常常会说他不要谁了，他想要杀死谁，特别是当他的一些行为被制止或要求被拒绝时，他想要做的事情不能够如意时，就会说"不要妈妈了"或者"要杀死妈妈"之类的话。

另一方面，妈妈能够感受到儿子对妹妹的爱，同时还有嫉妒和敌意，比如儿子会用很大的声音来吓唬妹妹，当妹妹表现出害怕时，儿子好像更来劲了。最初，妈妈会对儿子的这些偏差行为进行一些控制，发现无效时也尝试去改变方法。妈妈还发现儿子不守规则，比如每天去幼儿园接他的时候，他会故意不出来，要三催四请才愿意跟妈妈回家。如果妈妈对他的话反应慢了，儿子就会发火甚至非常愤怒，即便情绪好也会说不要上幼儿园。

对此，妈妈非常难过，不肯原谅自己，也不原谅老公和他的家人。

简单来说，妈妈对现在的儿子是难以接纳的；同时，妈妈很内疚，怀疑是因为之前有一整年的时间儿子没有和妈妈在一起，因而造成了今天的局面。

妈妈的怀疑是有理论依据的，孩子在一岁半最需要安全感的时候，和妈妈分离了大约一年的时间，对于特别敏感的孩子来说，他会认为这是一种抛弃。处于被抛弃的感受里，孩子却没有办法向父母表达他的害怕。他会害怕到什么程度呢？有些孩子会把被抛弃当成面对死亡一样的恐惧和痛苦。成人不会有这样的想法，小孩子却真的会有这样的感受。

当孩子回到这个家时，内心还是非常不安定，常常会害怕，不知道什么时候又会被父母抛弃，而孩子非常不愿意、非常害怕再次面对这种情况。所以，妈妈没来接他回家时，他会一直盼着妈妈把他带回家；但是当妈妈真的要带他回家时，他又会拒绝，表现出"我不需要你，我不要跟你回家"的样子，其实真正的原因是孩子受不了再一次面对分离。此时妈妈需要用心体会，看到孩子的内心，给予更多的接纳。接受孩子这样的表现，然后跟他说："孩子，跟我回家，妈妈很爱你。"这样反复跟孩子表达，过一段时间，孩子发现妈妈真的没有再次抛弃他，就能够再一次信任妈妈。

另外，这个孩子之所以会对妹妹有这样一种表现，是因为他确实嫉妒妹妹，他可能认为妈妈爱妹妹比爱他多一些。所以，建议这位妈妈每天一定要花一些时间（至少半个小时）单独跟儿子在一起，一定要给他一对一的、专注的个人时间。妈妈可以带儿子出去散步，拉着他的手，或者给他讲故事，或者倾听他说话，让儿子完全享受和妈妈在一起的感觉。

这是为了让孩子慢慢地体会：妈妈很重视你，妈妈很爱你，妈妈愿意跟你单独在一起，而且妈妈无论如何都不会再离开你。从现在开始，至少花六个月的时间，与孩子这样相处，孩子的问题一定会减少。

妈妈要切记，不要打骂孩子，也不要用批评、指责的语言对待孩子。孩子内心已经在怀疑父母对他的爱了，如果父母再大声指责或者打骂孩子，肯定会让他以为父母一点都不爱他。只要了解孩子的内心世界，体会到他的心情，然后对症下药，很快就会看到孩子的转变。

孩子升入初中后
不愿意上学，
怎么办？

有一位爸爸，儿子13岁了，倒不是不愿意去学校，只是不愿意学习，而且脾气见长 据爸爸说，儿子从小就活泼开朗，特别喜欢分享，当众讲话也很出色，上小学时成绩不错，小学升初中还考上了重点中学的重点班 可是自从上了初中，儿子就不愿意学习了，在班上成绩倒数，脾气也变得特别暴躁 在外面跟任何人只要一言不合就发脾气、讲粗话、攻击别人；在家里更是这样，还动不动就摔东西、大声吼叫 孩子现在的状况不仅让爸爸头疼，孩子自己也头疼，那么该怎样引导这个孩子呢？

很明显，这个孩子是在升入初中后发生改变的，他改变的原因是什么呢？基本包括两个方面。

一方面是因为孩子13岁了，男孩子到了这个年龄变化非常大。在生理上，男孩比女孩长得更快，需要更多的激素去帮助身体塑造新的肌肉，在短时间里需要进行大量的新陈代谢，从而快速长高。而一个人的激素，既要用来帮助进行新陈代谢，也要帮着平衡情绪。所以，当男孩到了青春期时，大量的激素需要先去照顾他的生理需求，让他长得高、长得壮，因而没有足够的激素来帮助平衡情绪。所以，男孩子在青春期特别容易烦躁。

同时，孩子的第二性征开始发育，开始感受到性的刺激和需要，这种性的感觉有时也会引发孩子很多的情绪。实际上孩子在这个年龄对自己的身体是不够了解的。孩子虽然不懂，但他的身体感受却是真实的，这会带给他很多的烦躁情绪，孩子可能真的不知道该怎么办，又不知道跟谁说。所以建议爸爸主动跟儿子交流在青春期所面对的各种性的困惑，告诉孩子身体的这些变化和感觉是正常的，是每个男孩都要经历的。如果孩子已经开始梦遗，要教导孩子怎样处理自己的梦遗。这样孩子就会收到一个信息：原来爸爸是愿意在这个方面和我交谈的。这样孩子就会很安心，从而平静下来。

孩子到了青春期，会因为受到激素的影响而感到烦躁，父母需要去接纳而不是批评孩子，比如可以告诉他："孩子，我看到了，你现在非常烦躁，刚才你好像很生气，很想跟别人打架，发生了什么事情？你可以跟爸爸或者妈妈谈谈。"这种接纳能帮助孩子顺利度过青春期。

另一方面，是因为孩子升入中学以后，进入重点中学的重点班。估计班上的每个孩子成绩都相当好。爸爸提到，孩子不愿意学习，甚至成绩倒数也好像很不在乎的样子。对于成绩落后，孩子不可能觉得无所谓，很有可能是在整个班成绩都很好的情况下，孩子觉得自己无法考到比较靠前的名次，充满了挫败感，因而非常烦躁。在小学时，孩子被公认为口才好、性格好、成绩好，现在到了重点中学，突然发现自己落后了，一定充满了挫败感。

对此，父母可以告诉孩子："能够考上重点中学的重点班，这本身就表示你已经做得很好了，相信你能够一点一点进步。爸爸妈妈就在这里，可是我们不会主动介入你的生活，由你自己来决定是否需要我们的帮助，需要时告诉我们，我们永远都愿意帮助你。"只要孩子愿意用心努力，一定会越来越好的，不要奢望很快就能考到好名次，每一次进步，都要为孩子鼓掌。

一般来讲，如果父母在这两个方面都能够有所关注，孩子就能顺利度过青春期。

孩子因被批评而
不愿去幼儿园，
怎么办？

有一位家长，孩子上幼儿园已经三个月了，因为被老师批评就不愿意去幼儿园。有几个同学的家长也反映过这类问题。怎样去调节孩子的这种情绪？怎样和老师沟通呢？

孩子去上学时常常会发现，老师的教育方法或者说话语气不像爸爸妈妈那样。父母首先要观察的是，这个老师是对全班的同学都这样，还是单单对自己家的孩子这样。

案例中这位家长说，几个同学的家长都反映孩子被老师批评，那这个老师可能对全班同学都是一样的。这就需要评估一下，老师的语言是否非常有伤害性，如果是这样，就要去跟老师沟通："我的孩子被批评后不愿意上学，回到家里情绪特别低落、沮丧，特别爱发脾气……"把情况跟老师反映一下，然后要肯定老师的努力，比如说："相信老师是为了孩子好，为了教导孩子，可是孩子确实出现了这些情绪问题，所以老师是否能够做些什么。"

如果这个老师确实比较严厉，但是用语没有什么伤害性，而且对全班的小孩子都是这样，不是单单针对自己家孩子，那就需要教导自己的孩子了。因为即使换了别的班、别的幼儿园，很有可能会遇到同样的老师，总有一些老师性格比较温和，也总有一些老师会比较严厉。所以孩子要准备好去适应家以外的世界，学会适应不同风格的老师。

比如可以对孩子说："老师对所有的孩子都是这样，不是针对你的，和你自身的好坏一点关系都没有。可能老师心情不好，也有可能这就是他说话的方式。"或者教导孩子："老师和爸爸妈妈不一样，和爷爷奶奶不一样，和外公外婆也不一样，面对这样的老师，你可以……"这就好比有的爸爸教育方法或者语气跟妈妈不一样，但不能因此让孩子跟爸爸对抗，可以教导孩子："爸爸的性格就是这样的，爸爸的语气也是这样的，他并不是恶意的，也不是不爱你，更不是针对你，只是他说话的方式跟妈妈不一样，因为我们是不同的人，你能够接纳爸爸妈妈是不一样的吗？"

让孩子明白，只要在班上做好自己该做的，老师虽然严厉，但并不是针对我自己的，就可以了。

另一方面，为了让孩子不害怕面对不同的小朋友、不同的老师，成功地适应幼儿园，父母也可以针对去幼儿园，给孩子一些肯定、赞美、认同。比如孩子已经上幼儿园三个月了，差不多快100天了，那么可以告诉他：到100天时，我们一起来做小小的庆祝。可以给孩子买个小蛋糕，上面写着"100天"，意思就是：我上幼儿园100天了，虽然遇到了新的老师、新的同学，跟家里的生活方式不一样，可是我要去适应！我在幼儿园度过了100天，已经成功闯过第一关了！到150天的时候，可以再庆祝一次……200天的时候，再庆祝一次……一般过了200天，这一年也就过去了。

这样做会让孩子觉得，每天面对不同的人，坚持去上课，本身就是一件很有成就的事情。通过一些小小的仪式、小小的鼓励，让孩子觉得自己取得的是一个大成就。这样也能帮助孩子喜欢上幼儿园。

03

抵触学习写作业，
怎么办？

要调动孩子的生命力，

一定要处理好三个关系：

一是妈妈和孩子的关系，

二是爸爸和孩子的关系，

三是爸爸和妈妈的关系。

孩子对学习
不感兴趣，
怎么办？

很多父母因为孩子不爱学习、不想写作业而感到非常烦恼。

有些孩子对学习根本没有兴趣，在家写作业需要父母陪在旁边，父母一催再催，孩子催一催动一动，磨磨蹭蹭。一旦被允许出去玩，孩子就会活蹦乱跳地跑出去。孩子对玩的兴趣，比对学习的兴趣大太多了！要是孩子能像爱玩一样爱学习，家长就轻松了。

教育学、心理学的相关研究表明，想让孩子爱学习，最好的方法就是把学习变得像游戏一样。不管孩子的天分如何，让学习变得有趣、好玩，孩子一定愿意主动学习。

那么父母能够做些什么呢？让孩子觉得学习有趣的方法之一，就是让孩子在生活中能够马上用到他所学的东西。比如，对于孩子所学的数学知识，可以让孩子帮着做计算、测量长度、比较大小等；对于语文知识，可以让孩子背诵学过的诗，或者做角色扮演等。这样让孩子把所学的知识运用到生活中，能够提升孩子的学习兴趣和求知欲。

当然也有一些科目，孩子本身对其确实没有兴趣，甚至很排斥，但又必须学习并参加考试，怎样帮助孩子产生学习动力呢？方法就是，让孩子通过学习得到心理营养，继而推动孩子快乐学习。

很多父母曾有过这样的经历：自己上学时特别喜欢学习某个科目，而真正的原因是喜欢这个科目的授课老师。本来不怎么喜欢也没什么兴趣的科目，因为换了一个自己喜欢的老师，就会特别愿意学习，上课时会特别集中精神听讲，回家后会优先做这个老师布置的作业，这个科目的考试成绩也相对比较好。

这是什么道理呢？因为很喜欢这个科目的授课老师，把这个老师当成自己的重要他人，所以特别希望得到他的喜爱、肯定、称赞和重视。

父母是孩子的重要他人，也可以像孩子所喜欢的老师一样，给孩子最重要的、最具决定性的影响。具体怎么做呢？

比如孩子不太喜欢写字，写字常常东倒西歪的。妈妈可以这样做：

妈妈可以在检查孩子作业时问孩子："在这一整页里，你觉得哪些字是写得比较好的？"

如果孩子不喜欢写字是因为总被批评，他会觉得自己写得不好："没有写得好的，写得都不好。"

妈妈就要坚持说："在这一整页字里，妈妈看到有些字写得比较好，来，告诉妈妈，你觉得哪个字写得比较好？"

孩子可能就会找到几个字，说："这几个字，我写得比较好。"

妈妈作为重要他人，要肯定、赞美、认同孩子："是的，这几个字确实写得比较好，你是怎么做到的呢？"

可能孩子会说："这几个字笔画少，所以写得比较好。"

妈妈可以接着肯定孩子："是的，当字的笔画比较少时，你就能写好了。"

第二天，妈妈继续这样做，打开孩子的作业本，让孩子找一找，哪些字写得比较好。

妈妈可以再问："为什么今天这几个字写得好呢？"

孩子可能会说："可能因为笔画少，我就特别用心写了。"

妈妈可以说："原来是这样，当你用心、专心时，字就写得更好了。"

后面几天还是这样做，每天都去发现孩子的优点，并且明确告诉孩子，比如："妈妈看到了，所有的功课你都做完了，这很好，你是一个负责任的孩子。""孩子，我看到你又进步了，今天做功课时你特别用心，你是个专注力很强的孩子。""孩子，我发现你做功课越来越认真、越做越好了，你是个有能力自己把功课做好的孩子。"

孩子如果把父母当成自己的重要他人，那么父母对孩子的肯定、赞美、认同，就能够帮助孩子逐渐对学习充满动力。当孩子越做越好时，学习的兴趣就会被调动起来。

为了帮助孩子养成好的学习习惯，可以尝试让孩子在某个固定时段做功课，特别是孩子刚开始上学时，要养成定时做功课的习惯。

　　首先，父母在这个时间段尽量不去干扰孩子。当然也不要太过教条和僵化，因为习惯不是为了约束和控制孩子，而是为了帮助孩子，让他到了这个时间就能安静下来专注在功课上。

　　其次，这个时段也不要排得太满。要让孩子知道，如果能够早点把功课做完，那么剩下的时间他可以自由支配。如果父母看到孩子在玩，就想让他再做几道数学题、背背诗词、练练英语，一直唠叨到孩子上床睡觉，那么孩子是不愿意自动自发做完功课的，因为他会想：早早做完也没用，拖到睡觉时就不用多做那些追加的功课了。

　　总之，最好的学习习惯，一定是孩子自觉地学习，自主地安排。帮助孩子养成良好学习习惯的一个好方法，就是培养孩子的兴趣；对于孩子实在没有兴趣的功课，父母要通过肯定、赞美、认同，给孩子更多的动力；父母要帮助孩子固定一个时间段完成功课，特别是在孩子刚开始上学时。

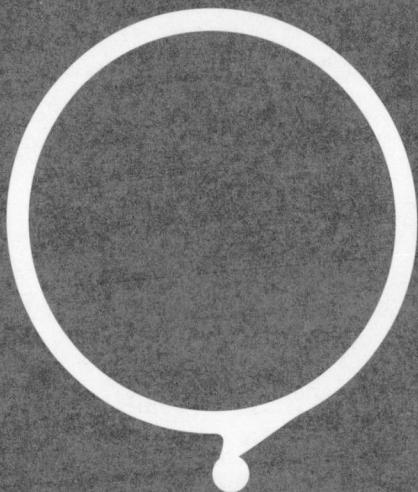

孩子抵触上学

写作业，

怎么办？

一位妈妈说，孩子今年11岁，上五年级。孩子从一年级就非常抵触上学、写作业。这五年里，父母用尽各种方法去开导他，也打过他，为此非常痛苦疲惫……现在就连最有耐心的老师都想放弃他了。老师说："班里发生任何事情，好像都和他有关，他的精力根本就没放在学习上，而是一直在关注其他的事情。"妈妈感觉，孩子很懒，不想努力和付出，总想投机取巧，所以失败总是伴随着他。

虽然这个孩子从一年级开始就不愿意上学，不愿意写作业，但是他真的不像妈妈所说的"很懒，不想努力和付出"，因为这不符合孩子的天性。

有些孩子看起来特别努力用功，有些孩子可能看起来不那么努力用功，但可以肯定的是，所有的孩子，都非常希望自己"人见人爱""花见花开"。孩子把父母当作自己最重要的重要他人，就算只为父母都会努力一把，想要拿个好成绩，这是所有孩子共同的愿望。

但是，为什么案例中的孩子失去了学习动力呢？恐怕最主要的原因，是孩子的内在积累了太多情绪。这些情绪消耗了孩子太多生命力，以至于孩子已经没有动力把大脑用在学习上。

一个孩子会有这么多情绪，一般原因是他和重要他人的关系出了问题。

特别是一、二年级的孩子出现这种情况时，父母首先要做的并不是想方设法让孩子对学习有兴趣，而是把孩子原有的生命力调动起来。

要调动孩子的生命力，也就是调动孩子天性上最根本的动力，一定要处理好三个关系：一是妈妈和孩子的关系，二是爸爸和孩子的关系，三是爸爸和妈妈的关系。对于孩子来说，最重要的就是孩子和重要他人的关系。如果孩子和重要他人的关系能够得到改善，那么孩子的情绪就不会那么多，想要追寻价值感的天性就会开花结果，生命力就能用在学习上了。因此，首先要处理好妈妈和孩子的关系。单单爱孩子是不够的，妈妈要有方法来帮助孩子。对于这样的孩子，越是打他、骂他、推他前进，越是没有用。

我的建议是，三件事情不要做，单单做一件，也就是补充心理营养。

三件事情不要做，是指哪三件事情呢？

第一，伤害孩子的自尊。任何伤害孩子自尊的话，比如"你很懒""你最没用了""你最糟糕了"，都不要说。

第二，让孩子感觉没有面子。比如说，孩子在学校经常被老师批评，那么妈妈就不要在老师的面前再批评孩子，也不要在任何人面前让孩子觉得没有面子。虽然孩子暂时达不到父母的要求，学习成绩确实不够好，但是不管别人怎么说，妈妈都要说："我的孩子还没有准备好，我相信他总有一天能做到的。"绝对不要在任何人面前批评自己的孩子。尤其孩子11岁进入少年期后，非常敏感，情绪极易爆发，非常危险。

第三，给孩子增加压力。妈妈不要因为自己很焦虑，就总是用语言威胁孩子，给孩子增加压力，迫使孩子改变。这样不仅没有效果，反而会伤害亲子关系。

三件事情不要做，只做一件事——补充心理营养。那么心理营养怎么补充呢？最容易的就是肯定、赞美、认同孩子。

首先，父母不要紧盯孩子的功课，应该转而关注其他方面——孩子无意间说了一些好话，做了一些好事，比如他拿一杯水给妈妈喝，帮爸爸把衣服放到洗衣机里，这时父母要肯定、赞美、认同他。从肯定、赞美、认同开始补充心理营养，一般来说非常有效。

当妈妈能够做到"不做三件事，只补充心理营养"时，就会看到：孩子跟妈妈的关系改变了。只有母子关系改变，孩子才会有希望把天性中的动力和生命力调动起来。

案例中的父母用了五年时间去改变孩子，既然打骂批评都没有效，那就证明没必要继续做下去，一定要尝试一些从来没有用过的方法，比如心理营养育儿法。

孩子写作业太慢，
依赖性强，
怎么办？

一位妈妈说，她的儿子今年读一年级，语文的拼音、写字等都掌握得不够好，成绩也不太好，偶尔还会不及格。因为不太会，所以孩子每天写作业速度都很慢，而且一定要大人陪着，依赖性比较强。妈妈说，她坚持给孩子足够的时间去学习，让孩子慢慢来，可是孩子的爸爸一看到分数低就会吼孩子，而且逼着孩子学到半夜才可以睡觉。夫妻俩因为教养方式不同，经常发生争吵，有时还会在孩子面前争吵。妈妈觉得这样孩子更可怜了，不知怎么办才好。

不要为了孩子的教育方式差异和伴侣吵架

Q

如果在孩子的教育方式上持有不同意见，妈妈不要批评爸爸，更不要和爸爸争吵，要先把和爸爸的关系处理好，否则会激起爸爸更多的反对，这对夫妻关系、对家庭、对孩子都不好。妈妈可以用自己认为对的教育方法，同时不要太多干涉爸爸，只要孩子不会因为爸爸的教育方式受到很大伤害就好。比如，等到爸爸批评完了，妈妈再去安慰孩子；爸爸要求孩子必须做完功课，哪怕学到很晚，妈妈也要在孩子做完功课之后再去安慰孩子。但是爸爸看到成绩不好就打孩子，这是不行的，妈妈必须阻拦。

给孩子无条件的接纳，帮助孩子缓解压力

Q

妈妈能做的，就是无条件接纳孩子。比如，安慰孩子时，妈妈可以这样说："孩子，我看到了，你很不容易，很难过。但是我也看到你在坚持，如果你能够这样坚持下去，一定会一天比一天好，慢慢地你会越来越好。孩子，

妈妈永远都陪着你，你一定可以的。"这样做，就是在向孩子表达无条件的接纳——你写作业慢，我接纳你；你现在成绩不好，我也接纳你……我接纳你这个人，不会因为这些就不喜欢你、不爱你，我永远都爱你。在成长的路途中你可以一点一点地进步，妈妈相信你已经在努力了，妈妈愿意支持你。

理解孩子要求陪伴是需要力量的支持

妈妈认为，孩子写作业要大人陪，是依赖性强的表现。其实对于一年级到三年级的孩子来说，功课比较繁重，这时确实需要妈妈在身边陪伴，这并不是依赖，而是需要一种力量支持。在陪伴过程中，孩子更多的是需要力量的支持，而不是家长的催促和教导。所以，对于速度比较慢的孩子，妈妈需要告诉他，不管做到多晚，妈妈都在旁边陪着他。如果孩子有不会的需要请教，可以随时来问妈妈，妈妈不要催孩子，更不要主动教孩子怎样做比较好。

首先，孩子能够把功课做完就可以。

孩子在固定的时间里尽量把功课做完就可以了，妈妈不要完美主义，要求多多。有的妈妈不仅让孩子把功课做完，还要求写字要美、画线要直，还要做得快、做得好……这样作业就会变成难以完成的任务。对于这么小的孩子来说，能把作业做完已经很不容易了，父母不能太心急，很多学习习惯是需要时间慢慢养成的。

其次，多多肯定、赞美、认同孩子。

妈妈陪在孩子旁边时，可以做点自己的事情，也可以时不时鼓励孩子，比如"嗯，今天做得比较快""这里写得非常用心"，多多肯定、赞美、认同孩子。不要因为作业做得不好就批评孩子，也不要关注孩子字写得好不好、线画得直不直，更不要看到做得不好就让孩子擦掉重做。先要求孩子按时把作业做完，过段时间再逐渐提高要求，希望他把功课做得更好。

最后，用游戏增加孩子对功课的兴趣。

妈妈可以通过游戏，让孩子增加对功课的兴趣。比如，案例中的孩子才上一年级，有很多生字不认识，拼音也不懂，那就可以把认字、学拼音变成游戏。

妈妈可以把一些生字，最好是一个词或者一个短句，配上图打印出来，做成单面的卡片，每个词（或短句）做两张一模一样的卡片。每次不要做太多，比如一次只让孩子记五个短句，一共做十张卡片。

首先，带词句的那面朝下摆在桌子上。由孩子翻开一张卡片，如果他能认得并且读出卡片上的词句（比如"春眠不觉晓"），就算赢得一分。然后把这张翻开的卡片依旧背面朝上，放回原来的位置。

接着，让孩子翻开其他卡片。如果孩子翻到另一张写有"春眠不觉晓"的卡片，能够凭记忆把前一张"春眠不觉晓"的卡片找出来配对，就又赢得一分。

然后，如果把这两张卡片都收起来，孩子能够把"春眠不觉晓"写出来，那么赢的分数翻倍。

最后，和孩子一起，把分数记录在一个固定的地方，最好是大大的可以挂在墙上的纸张。分数可以累计并兑换小礼物，比如10分可以兑换A礼物，20分可以兑换B礼物，30分可以兑换C礼物。这些小礼物可以是好吃的、好玩的，甚至可以是支配爸爸妈妈的时间，总之一定是孩子喜欢的。要由孩子自己决定是否用分数兑换小礼物。

　　游戏时要注意一个原则，就是"只赏不罚"。要鼓励孩子得分，比如能够讲出来，就可以拿到分数；能靠记忆配对，也能够拿到分数；能够默写出来，分数可以翻倍。如果孩子没做到，不会减分数。

　　用这类方法，可以帮助孩子增加学习兴趣。爸爸妈妈掌握原则后，可以发明更多这样的小游戏来帮助孩子。

需要妈妈注意的几点：

第一，不管爸爸的教育方式怎样，不要为此跟他争吵，而要注意改善夫妻关系；

第二，对于做事速度比较慢的孩子，妈妈要做到无条件接纳；

第三，要理解孩子让妈妈陪在身边，并不是依赖，而是想得到支持力量；

第四，作为孩子的重要他人，妈妈要用肯定、赞美、认同来鼓励孩子；

第五，可以尝试使用能让孩子增加学习兴趣的游戏或方法，帮助孩子进步。

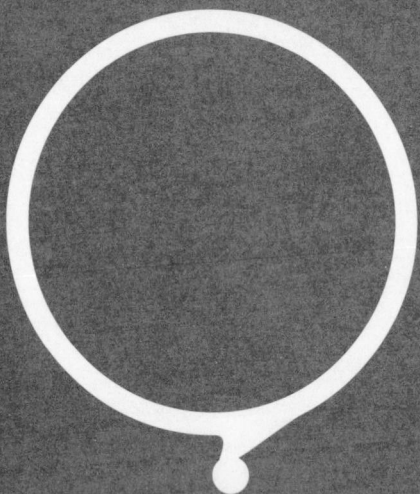

孩子缺乏学习热情和动力，怎么办？

有一位妈妈说，她理解肯定、认可孩子做得好的地方能激发孩子的自主力和学习热情，那对于明显做得不好的地方，应该怎么对待呢？是直接指出不足，还是尽量委婉地鼓励？再比如练钢琴，在技术练习阶段确实比较枯燥，如何有效地呵护孩子的学习热情呢？

孩子确实做得不好或者状态不好时，
父母要怎样对待？

　　什么叫"无条件接纳"？难道孩子不对，父母也不出声吗？孩子确实做错了，父母也什么都不说吗？这样是不是太溺爱孩子了呢？

其实，"无条件接纳"和"溺爱"，完全是两个不同的概念。

孩子总会有一些地方是不足的，甚至是完全错误的，比如考试不及格，想要考到某个名次却考不到。"无条件接纳"就是指当孩子有类似这样的失败、不足时，依然告诉孩子："就算你现在做得不好或者失败了，妈妈也还是接纳你，因为你这个人并不由这件事情来定义，你的行为、成绩都不能代表你本身，更不能代表你整个人，所以就算你失败了或者没有达到我的期待，我依然接纳你。"

无条件接纳，绝不是一些父母所想的那样：孩子做错了，我们假装他是对的，给他找很多理由，或者说"做错也没关系"。比如孩子把别人打伤了，可以坦诚地跟孩子说"这样做是错的，妈妈认为你这样做非常不应该，但妈妈依然是爱你的"。

溺爱是什么呢？是父母明知道孩子是错的，却不去阻止孩子。明知道孩子这样做，在道德或行为上不恰当、不适合，父母依然笑嘻嘻或者默许纵容孩子的行为。孩子做了以后不让他自己负责，由父母为他想办法解决，虽然口头上说"别做了"，事实上从来不去阻止孩子，不让孩子知道这样做是错的。

举个简单的例子。有一次我在公共洗手间里看到一个小女孩，四五岁的样子，她把洗手间里的卫生纸不断往外拉，拉出来就丢着玩。她的妈妈就在旁边，只是简单说"别这样了"，却不阻止。她潜意识里并不想阻止孩子，也没有让孩子知道这样的行为是不对的。结果孩子就把整卷卫生纸全部拉出来玩了。这绝对不叫"无条件接纳"。

因此，溺爱和无条件接纳是完全不同的。无条件接纳，是清楚地让孩子知道：这样做是错的，我不想你这样做，但是你可以改进，妈妈相信你，也不会因此就不再爱你。

所谓接纳，是孩子做错了，或达不到某些重要期待，妈妈还是接纳他；在接纳的同时教导他，而不是停在原处。

关于钢琴的技术练习，可以想办法把枯燥的事情变成有趣的事情。学钢琴跟无条件接纳没有关系。

举个例子。在钢琴弹奏技术里，有一项是孩子常常要练的——staccato（断奏）。孩子重复练习这项技术时会觉得非常沉闷。那么可以想象一个画面，比如碰到一个热得发烫的熨斗，手马上就会弹开，这就是staccato的感觉。让孩子去尝试，就像在玩熨斗一样，手碰到键盘就弹上来，这样练琴时就会有兴趣了。

父母要发挥想象力，尝试把孩子练习的各种技能变成一个画面、一个故事、一个游戏——最重要的是变得有趣，孩子练习时就不会觉得枯燥了。

孩子写作业时
注意力不集中，
怎么办？

有一位妈妈，儿子今年13岁，医生曾经诊断他是多动症。妈妈说，儿子注意力很难集中，动作也慢，每天晚上作业都要写到10点，所以睡眠也不足。孩子的语文作业能够自己完成，但数学作业根本没法独立完成，必须让家长陪着写，而且不管妈妈怎么讲解，他都难以理解。如果妈妈不管孩子的作业，孩子一个小时都做不出几道题，而且大部分数学题都不会做。

有不少家长提到注意力的问题，说孩子注意力不集中，上课不注意听讲，写作业也容易分心，甚至有的家长认为自己的孩子是多动症。我见过很多被诊断为多动症的孩子，实际上他们真不是多动症，简单来说，还没有达到疾病的程度。

这些孩子一般在性格上比较外向，从小就很活泼，喜欢跳来跳去。孩子的父母性格可能比较内向，也容易焦虑，所以这些内向焦虑的父母看到外向活泼的孩子时就会觉得头疼，很想让孩子安静下来，如果没有办法让孩子安静下来，就会认为孩子多动。当父母把孩子带到医院诊断时，医生可能就会认为孩子有多动症。实际上，孩子可能只是性格比较外向、活泼好动而已。

如果孩子确实动得特别厉害，还有一种可能，是因为这个外向的孩子内在有很多情绪，而所有的情绪都会产生能量，孩子没办法或者不懂得如何把这种能量释放出来。这种情况就需要父母帮助孩子把情绪的能量释放出来。

怎么做呢？有两个基本的方法。

一种方法是陪孩子多玩一些消耗体能的游戏，比如喊、叫、跳、跑，都能帮助孩子把内在的情绪能量转化和舒放出来，这样孩子在读书、做作业时就容易集中注意力了。另一种方法就是倾听孩子说话。外向的孩子相对喜欢说话，可以让他讲故事给你听，或者把他经历的事情告诉你。孩子能够用语言去表达他的情绪、故事，多动的行为就会减少。总之，孩子内在的情绪能量通过语言文字、动作游戏等释放出来时，孩子就可以集中注意力去学习了。

案例中的妈妈还提到，自己怎么讲解都无法让孩子理解数学题。其实，孩子并非缺乏学习的能力，因为他的语文作业是能独立完成的，如果真的缺乏学习能力，那他应该所有功课都没法学好。父母应该怎样帮助孩子呢？

首先，要让孩子知道，他是具备学习能力的，只是对于数学需要找到入门的方法，可能要多用心、多做一点。

其次，妈妈认为自己怎么讲解孩子都理解不了，说明妈妈可能没有找到适合孩子的教导方法。建议妈妈去找懂得数学教学的老师，用更多时间来慢慢教导孩子。因为如果妈妈不知道怎么教还非要自己去教，可能孩子和妈妈都会产生情绪上的问题。而那些有经验的数学老师更有耐心，也更善于找到适合孩子的教导方法。妈妈要做的，就是多多肯定、赞美、认同孩子，哪怕孩子取得一点进步，也要明确告诉孩子："妈妈看到了，你在进步，你是有能力进步的。"

最后，让孩子把更多的精力和时间用在本来就不错的语文课上，这样孩子能获得更多的肯定、赞美、认同，获得更多成就感，从而增加对学习的兴趣。

痴迷电子产品，怎么办？

在孩子成长过程中，

培养他的阅读兴趣，

从阅读中寻找乐趣，

这对孩子的一生都会有很大帮助。

孩子看电视、玩 iPad 上瘾，怎么办？

有一个妈妈说，她的孩子才两岁，看动画片就已经上瘾了；还有一个妈妈，儿子四岁了，对iPad非常着迷，以致影响上幼儿园、吃饭、睡觉。怎么办？

在这两个例子里，孩子年龄还非常小，下面举一个更有代表性的大孩子的例子。

有一位妈妈，孩子17岁，迷上了飙车，每个周末孩子都会和六七个朋友去高速公路上飙车，可想而知，这位妈妈有多害怕，多担心，她问我怎样才能让孩子不再飙车，我就问她："孩子飙车开的这辆车，是谁买给他的？"一辆能够用来飙车的车，通常价格不菲，还需要经过特别改造，一个

17岁的孩子是没有能力买这种车的，所以肯定是家长掏钱买给孩子的。这位妈妈就说："我也没有办法呀，如果我不给孩子买，孩子就说我不爱他，就要离家出走……"我对她说："如果明知道孩子买这辆车会去飙车，你还买给他，然后问怎样让孩子不去飙车，那真是没有办法。让孩子不去飙车，最直接的就是断然拒绝，不管他怎么说，就是不给他买车。"

通过这个例子，父母应该知道怎么办了。孩子两岁、四岁时，如果不想让他玩iPad，不想让他看电视，父母是完全可以做到的，关键在于能否坚持原则。父母不买iPad，那么孩子压根不会要求玩iPad；就算他看到别人玩也想要玩，父母可以告诉他，在咱们家玩这个是不合适的。父母如果没有原则，主动买iPad给孩子玩，然后又希望这么小的孩子具备自我控制的能力，根本就是自相矛盾的。

对于0—6岁的孩子，建议父母不要买iPad给孩子玩，最好也不要让孩子看电视，除非是特别适合孩子的很好的电视节目，并且占用很少很少的时间。但iPad是绝对不要买的。

对于7—12岁的孩子，可以适当允许孩子看电视，尤其是对孩子来讲比较欢乐的一些电视节目。由于电视节目的时间是相对固定的，一般不会超过一个小时，不会上瘾，所以能够作为一种放松的方式。一方面，父母既要注意时长的控制，又要有温和而坚定的态度；另一方面，不要买iPad给孩子。iPad里有很多游戏，都是根据孩子的心理需求和兴趣爱好来设计的，能够刺激感官，让孩子获得成就感，释放自己的情绪。如果买了iPad给孩子玩，孩子一定会被iPad吸引然后上瘾的。特别是那些心理营养不足的孩子，更容易被吸引上瘾，因为他能够从中获得价值感。孩子在12岁之前，没有能力抗拒电子游戏的诱惑，父母不要指望把一个容易上瘾的东西交给孩子，然后让孩子懂得自我控制、管理自己的时间。

当我们关上一扇窗，告诉孩子不能做什么时，还要给孩子打开另一扇门，引导孩子可以做什么。孩子在0—12岁时，肯定是需要玩耍的。玩耍对于孩子来说是非常正常而合理的舒放情绪的方式，父母需要给孩子这样一个渠道。那么应该怎么做呢？

　　第一，给孩子一个时间段专门用来玩游戏，而且尽量玩有创造性的游戏。这跟看电视、玩iPad不同，电视、iPad的娱乐是比较被动的，而在现实中玩游戏，孩子可以发挥自己的创造性，更符合孩子的需求和天性，比如乐高积木。可以提供机会，让孩子跟父母或者其他小朋友一起，玩一些有创造性的游戏，其吸引力是能够超过iPad和电视的。

　　第二，在孩子慢慢长大的过程中，培养孩子各种各样的兴趣爱好（当然，不能是强加给孩子的）。父母可以细心观察，对于音乐、美术、体育、下棋等，孩子在哪些方面是比较有兴趣、有天分的。如果孩子能够把空闲时间花在兴趣爱好上，那么iPad、电视对孩子的吸引力就会减少。

　　第三，可以培养孩子讲故事的兴趣。比如，可以和孩子玩接龙游戏。父母讲一句，孩子讲一句，把孩子已经熟悉的故事完整讲完。还可以发挥想象力，孩子讲一句，父母讲一句，由孩子创作一个新的故事，以此来培养孩子创作故事的兴趣和能力。同时，在孩子成长过程中，培养他的阅读兴趣，从阅读中寻找乐趣，这对孩子的一生都会有很大的帮助。

父母不能只是告诉孩子，你不可以做这个，你不可以做那个，而从来不从孩子的角度去想，作为一个孩子，他一定是需要玩耍的。如果父母能够提供更多有创造性的游戏机会，那么孩子就不会对电视、iPad上瘾了。

总结一下

　　怎样让孩子不对看电视、玩 iPad 上瘾呢？首先要做的就是坚持。在孩子很小的时候，特别是 6 岁之前，不要让孩子看电视，也不要买 iPad 给孩子玩。孩子 7—12 岁时可以看电视，但是不要买 iPad 给孩子玩，可以给孩子其他更好的游戏方式来解决想玩 iPad 的问题。要注重发展孩子的兴趣爱好，这对孩子一生都有很大的帮助。具体的方法包括：

　　第一，在每天一个固定的时间，保证让孩子能够玩游戏，可以玩各种各样的玩具，尤其是乐高积木等可以发挥想象力和创造性的玩具；也可以用生活中随手可得的材料，比如纸盒子、纸张、叶子、被单等，与孩子一起做手工。创造性的游戏，更能满足孩子的天性，给孩子更多乐趣。

　　第二，观察孩子的天赋在哪方面，有意识地去培养孩子的天分，将其发展为孩子的兴趣爱好。

　　第三，培养孩子讲故事的兴趣和能力，通过接龙游戏和他一起创作新的故事，有意识地把孩子的兴趣爱好引到健康且充满乐趣和创造的道路上来。

孩子不遵守约定的时间，怎么办？

有一位家长，三岁的女儿会在一些不合理要求没有得到满足的时候，号啕大哭。比如，看电视已经很久了，还要继续看，虽然之前已经约定了看电视的时间，但是此刻却说话不算话，无论父母说什么她都装作听不见，只是扯着嗓子大哭，不断重复自己的要求，父母也无法转移她的注意力。这种情况该怎么办呢？

父母可能会觉得，孩子花在看电视上的时间太久了，要约束孩子看电视的时间。当然，可以跟孩子约定一个时间，只是不要以为提前约好了时间，孩子就能遵守约定。和三岁的孩子约定时间，基本上没有什么意义，因为这么小的孩子还没有时间概念。同时，她很想得到自己想要的东西，所以，即便父母跟她约定了时间，她不遵守，也是很正常的事。此时不要评价孩子，给她贴上"说话不算数"的标签。

但是要让孩子知道一件事情——号啕大哭或撒泼耍赖是没有用的。如果能让孩子明白这一点，孩子就不会用这种方式来跟父母提要求了。孩子之所以用哭闹的方式来得到自己想要的东西，大多是由父母造成的——孩子早就发现，如果父母不答应她的要求，她只要用这个方法，就可以如愿以偿。

因此，父母一定要学会态度温和而坚持。

当孩子大哭甚至撒泼打滚要求继续看电视时，父母可以温和地说："孩子，今天肯定不能再看电视了，你只能看到这里。"此时不用讲太多道理。三岁的孩子这样大发脾气时，跟她讲道理，压根没有意义。只要告诉她不能继续看就可以了，声音要坚定，语气一定要温和，不要去讲一大堆道理，也不要用很凶的语气。就这样简单而有力地告诉她："孩子，今天看电视很久了，不能再看了。妈妈知道你的心情不好，那你自己待一会儿，等你心情平复了，妈妈就来抱你。"然后最好抱她一下，就把她放下，表达"妈妈还是爱你的"。

然后妈妈就走远一点。为什么要走远一点呢？因为三岁的孩子如果发现自己哭却没有人注意，就会慢慢安静下来；如果发现自己的哭闹能够影响妈妈的情绪，肯定会继续哭闹。所以妈妈不要待在能被孩子哭闹影响的范围里，离得远一点，至少走到两米以外。当然，也不要到完全看不到孩子的地方去，要让孩子处于妈妈的视线范围内。

等孩子渐渐安静下来，就可以靠近她，然后抱她一下。很多时候，孩子会再次哭起来，妈妈靠近她要抱她时，她会挣扎着不让抱。这时再次告诉她："孩子，我知道不让你看电视，你心情不好，那你自己安静会儿，处理一下自己的情绪，等你安静了妈妈再过来。"然后，再次离开到两米之外……一次又一次地重复这个过程，直到孩子真正地彻底平静下来。

在这个过程中，最重要的，就是父母要保持心平气和。父母是心平气和的，孩子就会发现：原来我的哭闹、打滚都是没用的。除了让孩子知道大哭大闹是没有用的，还可以告诉孩子应该怎么做。比如，可以说：

"孩子，如果你能够好好跟妈妈说话，告诉妈妈你的想法和需求，我们可以来商量解决办法。"父母通过温和而坚定的做法，可以教导孩子学会与父母有效沟通的方法，而不是一味哭闹。

玩手机被制止时
发脾气，
怎么办？

有一位家长，儿子今年六岁。她说凡是儿子喜欢做的事情，比如看电视、玩手机等，一旦家长制止他，儿子立马就会发火哭闹，还会打人踢人。对此，妈妈和儿子谈过不止一次，也进行过共情。在儿子情绪稳定的时候，妈妈明确和他说过，不喜欢他打人踢人的行为，要是生气想发泄可以打枕头之类的。儿子当时也答应改正了，可是一发起脾气就不管不顾，照旧发火哭闹、打人踢人。妈妈非常苦恼，感到很挫败。该怎么办呢？

我想对这位妈妈说，看上去儿子好像是迷上了看电视、玩手机，实际上不仅仅是看电视、玩手机的问题，只是比较明显地出现在看电视、玩手机这两件事情上。

孩子喜欢做一件事情，一旦家长制止，孩子就发火哭闹甚至打人踢人，实际上是因为这个孩子内心有很多情绪。虽然只有六岁，但他的负面情绪已经积聚了很多，所以遇到特别喜欢的东西时，孩子内在反抗的力量就会特别强，之前一直储藏着的情绪这时就突然爆发了。

从孩子的行为方式来看，我们有理由相信，他之所以会有这么多情绪，是因为他觉得自己缺乏自主权。你可能会问：六岁的孩子就需要自主权吗？当然需要。其实孩子从两岁开始，独立自主的那朵金花就想要开放了。随着年龄慢慢增长，孩子的自我意识越来越强，孩子是需要拥有一些自主权的。

特别是那些有领袖气质或者比较外向的孩子，在下面三种情况下是很容易情绪爆发的。

第一，为了对抗非常强势的父母。

共情，对这类孩子来说，可能还是一种强势的方法。这里所说的"强势"，指的是父母要求孩子完全听从父母的话，在孩子不听话的时候，会指责、恐吓甚至打骂孩子。

一般在生活的细节上，孩子是不太敢反抗的，但是在遇到自己真正喜欢的事情时，孩子积聚的情绪就会爆发，会用大哭大闹甚至打人踢人的方式，来对抗父母的强势。其实这个时候，孩子压根就不管父母说的是什么，他就是在跟父母对抗——你不愿意，我就偏偏要做；你不喜欢，我就一定要做。最主要的原因就是孩子觉得自己被控制得太厉害了。

第二，为了对抗包办一切的父母。

如果父母什么事情都代替孩子做，包办了孩子生活起居等各方面，什么都不让孩子自己动手，那么孩子内在想要独立自主的愿望，也会迫使孩子去对抗父母。尤其是比较外向的、有领袖气质的孩子，面对包办一切的父母时，会在自己很喜欢的事情上，对父母表现出非常激烈的、看似逆反的行为。

第三，为了应对太过焦虑的父母。

父母焦虑，其实是因为有很多担心。父母一旦焦虑，就会用各种各样的语言和控制方法，比如唠叨、贬低孩子，或者为孩子做很多安排，把焦虑发泄给孩子，从而让自己不会那么担心。面对焦虑的父母，孩子内心很快就能累积一些负面情绪，在遇到自己在乎的事情，比如看很喜欢的电视节目被制止时，这些情绪就要爆发。

当孩子因为父母不同意他做自己喜欢的事情，而出现很严重的偏差行为，比如打人、骂人、在地上撒泼打滚时，真正的原因并不是他对手机、iPad、电视上瘾，而是在用这种方式对抗父母对他的过度控制。

所以，真正能够让孩子心平气和地听父母的话，并不是因为父母的道理讲得好，而是因为父母和孩子的关系好。比如孩子很喜欢看电视但父母不同意，如果和父母的关系比较好，孩子还是愿意听父母的话。和父母的良好关系，能带给孩子所需要的心理营养，能够给孩子更好地进行自我控制的力量。

因此，表面上很多会上瘾的行为，比如沉溺于看电视、玩iPad而无法自拔，并不是孩子的意志力不强——虽然有些孩子确实是因为年龄小而没有办法控制自己，但更本质的原因是孩子跟父母的关系出了问题。孩子有过多情绪的时候，特别容易迷上电视、iPad，因为能够通过看电视、玩iPad放松自己的情绪。

孩子总是玩手机而导致成绩下滑，怎么办？

有一位妈妈，孩子今年11岁，一直以来她都觉得自己的孩子很听话、很聪明，学习一点就通，字也写得工整。刚转到现在的学校时，孩子的学习成绩曾一度名列前茅。妈妈因为工作忙，顾不上管孩子，现在孩子的成绩一直在下滑，字也写得越来越潦草。更不能忍受的是，孩子竟然会偷拿零钱花，脾气也越来越暴躁，一玩手机就不离手，还会撒谎。这时妈妈觉得事态已经很严重了，想让孩子端正学习态度和做人态度，有时甚至打骂孩子，可是没什么成效，孩子还是我行我素。

关于这个案例，我们一起来思考三个问题。

这位妈妈的教育方法为什么无效？

♀

当孩子出现这些问题时，妈妈的教育方法，先是讲道理，然后是指责——你学习的态度不对，你做人的态度不对……后来觉得还是没有效果，就打骂孩子。对本来很乖、能照顾好自己的孩子，妈妈这样做的结果，只会是越来越糟糕。如果再次加强——比如讲更多的道理，或者骂得更加恶毒，打得更加厉害，孩子就会不玩手机、不偷钱、不撒谎，非常自觉地去努力学习吗？

其实讲道理、打骂这些方法，一般来说，对孩子是没有效果的。孩子不懂道理吗？不要说11岁的孩子，即使是很小的孩子，都有寻求价值感和寻求肯定、赞美、认同的天性。就像案例中的这个孩子，原来很听话、很聪明，学习态度也很认真，如果他不懂道理，原来就不会如此。

我想告诉妈妈的是，停止这些没用的方法吧！

如果一个方法是有效的，那就继续用下去，因为它有效。但是如果一个看似很好的方法，对孩子一点效果都没有，那么并不是因为孩子有问题，而是因为父母的教育方法本身有问题。一些父母不去反思自己的教育方法，只会用自己习惯用、觉得最方便或者自认为一定有用的方法，而这些方法往往没有效果，甚至会适得其反。

那么怎样找到有用的方法呢？一定要去了解，一个原本能把自己照顾得很好、学习自觉、成绩不错的孩子，为什么会出现这么多的偏差行为呢？

偏差行为本身是非常奇怪的，因为它不是孩子天性中必然出现的，如果孩子的天性能够自然发展，根本就不会出现偏差行为。是孩子不想和父母有良好的亲子关系吗？肯定不是的。这个孩子和妈妈的关系越来越糟糕，在学校和老师以及其他同学的关系可能也是越来越糟糕的。

父母想知道孩子为什么会变成这样，如果仅仅把注意力放在孩子玩手机上，那就错了。父母常常以为，孩子是因为爱玩手机才变成这样的。事实并非如此。玩手机其实是"果"，而不是"因"。玩手机玩到沉迷，用玩手机来对抗妈妈，这是一个结果——因为有些事情发生了，孩子才会迷上手机，而不是因为迷上了手机，孩子才变成这样。

这个孩子为什么处于这种状态?

◯

此案例中,这个孩子是因为遇到了什么情况才处于这种状态的呢?

我们需要关注的第二点,就是这个孩子今年11岁了。孩子11岁时,已经从儿童变成了少年,身体有很多变化,第二性征也开始发展。孩子身体的激素正忙着处理身体上的发展,没有那么多精力去关照自己的情绪,所以孩子会变得敏感、情绪容易失控,需要家人更多去关注和帮助他处理内在的情绪。

这个时候,妈妈应该注意的是,孩子是否懂得情绪管理,有情绪的时候是否有可倾诉的对象。而此案例中,这位妈妈恰好工作很忙,没有过多地关注孩子,觉得孩子成绩好,人品也不错,字也写得工整,这样就可以了。

这个孩子除了缺乏家人的关注,还遇到另外一个大问题,就是他换了学校,可能面临在新学校的适应问题。比如,作为插班生,他是否遇到了人际关系上的困难,而妈妈不知道呢?

所以父母要去关注,孩子究竟遇到什么事情才会变成这样。要相信，孩子很想和以前一样，把所有事情都做好，现在他做不到，一定是发生什么事情了。

如何纠正孩子的这些偏差行为？

如果妈妈不关心孩子本身，只关心他的成绩，可能就会出问题。

从这个案例来看，这个孩子是在用各种偏差行为，来表达内在的需求——他需要得到更多的关注，而关注是需要耗费时间和精力的，所以妈妈需要做的，是用更多的时间去关注这个孩子，而不是把所有时间都忙于工作。

父母至少在下班以后，要把时间留给孩子，看着孩子做功课，坐在孩子旁边陪他聊天，多花一点时间去了解孩子遇到了什么人、什么事，关心孩子这个人，并且给他肯定、赞美、认同，而不是一直盯着他的问题。尽量通过陪伴、关怀、肯定，让孩子知道他可以非常安全地跟父母谈任何事情。一般来说，孩子觉得有安全感，跟父母敞开心扉的时候，这些问题就有办法处理了。

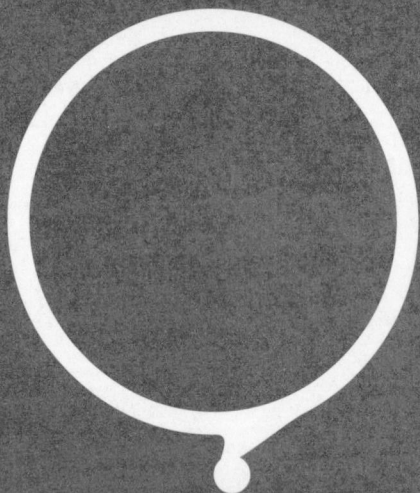

孩子只想玩 iPad，
不想上学，
怎么办？

一位妈妈说，她的孩子14岁，喜欢边做作业边玩iPad，或者不做作业只玩iPad，甚至为了玩iPad都不想去上学了 对于这样的孩子，如何做到无条件接纳？

什么是"无条件接纳"？

○

什么是"无条件接纳"？无条件接纳，并不是说孩子有什么行为，父母都纵容他——那叫"溺爱"。无条件接纳，是指在孩子犯错或者达不到父母的期望时，或者父母觉得孩子的行为不恰当时，对孩子这个人还是一样接纳，一样爱他。

父母不能做的三件事：第一，不断地批评孩子的人格；第二，伤害孩子的自尊，让他没有面子；第三，用言语羞辱孩子。实际上，很多父母和孩子的沟通，常常是在批评、伤害、羞辱孩子，而且父母常常会因为自己的很多焦虑，而一直想要去控制孩子。

当孩子犯错或者达不到父母期望的时候，父母对孩子要表达的应该是：无论如何，我们一定是支持你的；我们支持的是你这个人，而不是你的行为。这才叫作"无条件接纳"。

孩子想从这些能上瘾的事情里得到什么？

○

明确了"无条件接纳"的概念，我们再来分析这个案例。孩子迷上iPad，不愿意做作业，不愿意上学，那么他想要从玩iPad的过程中得到什么？想一想：孩子为什么会对大家都非常反对、孩子自己也知道对自己没什么好处的东西上瘾？孩子想要从中得到什么呢？

前面提到过一个飙车的案例——一个17岁的孩子迷上飙车。飙车是一项很危险的活动，为什么孩子会对飙车上瘾呢？还有更严重的，是有些孩子会迷上毒品。每个人都知道，吸毒会毁了人的一生。那孩子为什么还会吸毒上瘾？另外，还有孩子赌博上瘾。飙车、吸毒、赌博……人人都知道这些是没什么好处，甚至对自己有严重危害的事情，可是为什么还会有那么多孩子上瘾呢？

其实就是因为，这些能上瘾的事情，能带给孩子他所缺乏的东西。孩子最想从中得到的是什么？存在感。

所有能让人上瘾的东西，一定是能够刺激感官的。一个孩子不断地刺激感官，不断地寻求更多的刺激，其实就是想要证明自己的存在，他们需要感觉到自己是真实地活在这个世界上。

也许你会问：真实地活在这个世界上，还需要证明吗？我们的存在，不是理所当然的吗？——那你就错了。孩子的天性里有一朵价值感的金花想要开放。这朵金花要盛开，需要父母对孩子的肯定。从儿童期一直到少年期，心理营养富足的孩子，价值感金花才会顺利开放。

当父母或者重要他人，越是肯定、赞美、认同孩子，孩子的价值感就会越充足。简单来说，价值感获得满足的孩子，是不太容易上瘾的。即使他非常喜欢，但是因为能够从父母那里得到想要的价值感，所以他会去"讨好"父母，比较容易听从父母的话。这样的孩子，面对各种各样能够刺激感官的东西，比如iPad、手机、电视机，乃至飙车、赌博、毒品等诱惑，都有一定的抗拒能力。

假如这个孩子，从他的重要他人——通常是父母——那里，很难得到肯定、赞美、认同，得不到自我价值感的满足，就会转而通过感官刺激去寻求最低层次的存在感，于是会无法自控地上瘾，从这种感觉里确认一件事情：我是存在的，我是活着的，我的生命是有意义的。

感官刺激，和一个人的价值感、存在感息息相关。

所以，如果父母只是想要让孩子停止玩iPad，把iPad藏起来，孩子确实没法玩了，但这样做是没有用的，因为孩子转身就会迷上其他东西。

网上曾有个新闻，一个孩子，当他的手机被父母扔下楼时，他跟着就从楼上跳下去了。为什么会到这样的地步呢？首要的原因，就是这个孩子觉得自己没有什么价值，如果不让他玩手机，他觉得自己一点价值都没有了。这样的悲剧，一定和他的重要他人有很大关系。

年龄比较小的孩子容易迷上iPad，因为年龄实在太小了，还无法分辨是非，他会发现iPad、电视给他带来的快乐，或者说感官刺激是最大的，而他自我控制的能力又不够，所以会一直想玩。这时他寻求的就是简单的感官刺激，还没有涉及价值感的问题。

很多孩子到了中学时会更加迷恋这些东西，可能是因为孩子觉得找不到自我价值感。这个年龄段是人非常渴求价值感的阶段。

所以，我想呼吁所有的父母，如果希望孩子能够拒绝那些容易上瘾的东西，首先一定要在日常生活中多给孩子肯定、赞美、认同，从而让孩子认识自己，找到自我价值感。否则会导致孩子缺乏心理营养，特别容易对某些事物上瘾。

与渴望联结：每个问题，都是给予心理营养的最佳时机——

与渴望联结：每个问题，都是给予心理营养的最佳时机 ——♀

♀

④

与渴望联结

〔马来西亚〕林文采

著

中国友谊出版公司

图书在版编目（CIP）数据

与渴望联结：林文采博士心理营养育儿法：精华版 /（马来）林文采著 . -- 北京：中国友谊出版公司，2020.12

ISBN 978-7-5057-5041-8

Ⅰ．①与… Ⅱ．①林… Ⅲ．①儿童教育－家庭教育 Ⅳ．① G782

中国版本图书馆 CIP 数据核字（2020）第 219176 号

书名	与渴望联结：林文采博士心理营养育儿法：精华版
作者	（马来西亚）林文采
出版	中国友谊出版公司
发行	中国友谊出版公司
经销	新华书店
印刷	天津旭丰源印刷有限公司
规格	880×1230 毫米　32 开 20.5 印张　311 千字
版次	2020 年 12 月第 1 版
印次	2020 年 12 月第 1 次印刷
书号	ISBN 978-7-5057-5041-8
定价	86.00 元（全 4 册）
地址	北京市朝阳区西坝河南里 17 号楼
邮编	100028
电话	（010）64678009

如发现图书质量问题，可联系调换。质量投诉电话：010-82069336

01

抗挫能力差，
怎么办？

孩子抗挫折的能力、
面对困难和失败的信心，
就是从肯定、赞美、认同中
一点一点建立起来的。

孩子遇到困难
就闹情绪，
怎么办？

很多家长说，孩子受不了挫折，遇到困难不会想办法解决，只会哭；做事时尝试一下，做不到或做不好就直接放弃，不愿意再尝试了……孩子遇到一点困难就哭，动不动就放弃甚至退缩，怎么办呢？

一方面，父母要理解，孩子面对挫折时害怕、退缩是正常而合理的。

其实大部分人，不只是小孩，也包括大人，遇到困难和挫折时，第一反应常常是害怕——害怕被别人看不起，害怕被别人指责、批评。

有时候，父母对孩子的要求，实在是太高了。父母希望孩子面对挫折时能够坦然接受，拥有强大的意志力，一次又一次去尝试，而实际上大部分孩子都做不到。

父母要理解，孩子面对挫折时害怕、退缩、不愿意尝试，都是理所当然且非常合理的。孩子受挫以后，可能会害怕，也可能会觉得自己没有用，对自己的能力，甚至对自己这个人产生很多情绪。这些情绪都是合理的，父母首先要做的就是接纳孩子，比如对孩子说："我知道，这件事情你觉得没做好，没有达到你想要的目标，你很难过/生气，很想逃避，这是正常的，爸爸妈妈能够理解。"

孩子能否坚强面对失败，其实跟孩子的自我形象有直接关系。

孩子在四五岁时是非常有竞争意识的，因为孩子此时有了强烈的自我意识，简言之，他终于意识到，原来有一个我存在于这个世界上。孩子在刚刚有自我意识时，会特别在意自己是否有能力去做想做的事情。当看到其他同龄孩子能够做到某些事情时，会非常在意自己能否做到，以及自己能否和别人做得一样好。就算孩子没有明说"我一定要比别人强"，当看到别的孩子能够做到某些事情而自己做不到时，孩子内心就会有一种恐慌感，迫使他去证明自己也能做到。发现自己做不到时，孩子就会怀疑自己，自我价值感就会下降。这时孩子可能会生气，而内心深处其实是在害怕。所以，孩子面对挫折时产生各种情绪是非常正常的。

另一方面，接纳孩子的情绪之后，父母要思考，怎样提升孩子的抗挫折能力。

孩子受挫，产生各种情绪时，父母要怎么做呢？

四五岁的孩子想要做什么事而做不到时，父母要不断去肯定孩子努力的过程，而不是单单鼓励孩子勇敢去做。"肯定"和"鼓励"有什么不同呢？肯定，是肯定孩子已经做到的；鼓励，是鼓励孩子想做但还没做的。孩子在做事的过程中很用心，父母看到了就要告诉孩子："你在不断进步，而且你愿意尝试，愿意尝试就是非常了不起的。"

一个爸爸带着儿子在操场上玩，很多小孩在操场上的一个铁架上攀爬，用两只手抓住上面一根一根的栏杆，凭借腰力和臂力，从架子一端爬到另一端。想要成功完成其实很难，手臂要非常有力才可以做到。有几个孩子爬到一半时因为臂力不够掉了下来，也有几个孩子能成功爬过铁架。

这个小男孩年龄很小，臂力不足，爬不到一半就掉了下来，然后他尝试了将近20次，越来越没有力气，所以不断地掉下来，最终决定放弃。他非常不甘心，沮丧地跟爸爸说："爸爸，我们走吧。"爸爸拉着儿子的手说："孩子，今天我以你为傲，因为我觉得你做得很好。"

小男孩说："可是，爸爸，我没能爬过去啊，我怎么也做不到，因为我没有力气了。"爸爸说："虽然你没有达到自己想要的目标，可是你看看，周围这么多小孩，有哪个小孩像你一样，可以尝试这么多次呢？大多数小朋友爬上三四次就放弃了，可是，我的儿子，你尝试了将近20次，我为你的用心和毅力感到骄傲！就算没有达到目标，只要你愿意，可以明天再来试，后天再来试，总有一天我们会做到的！"

小男孩的脸上绽放了一个大大的笑容，他因为受到爸爸的肯定而感到非常快乐。

孩子抗挫折的能力、面对困难和失败的信心，就是从这些肯定、赞美、认同中一点一点建立起来的。孩子对自己有信心，有一次又一次尝试的勇气，不甘心放弃与失败，就是通过肯定、赞美、认同培养出来的。

　　在这样的情况下，父母千万不要去批评孩子，比如："面对这点困难就放弃了，你真是太软弱了！"父母越是这样说，孩子就越不愿意去做自己没有把握的事情。孩子在面对困难和挫折的过程中，做出的一点点尝试，学会的一些新东西，父母一定要看到，并且明确告诉孩子。

　　孩子的自我形象一定是基于真实情况建立的。在肯定、赞美、认同孩子时，不要说一些空话，比如："你很棒，你是个了不起的孩子，我相信你一定能够做到。"而要说："孩子，我看到你有这样一种特质，我看到你已经付出的努力，我看到你一次又一次的尝试，虽然现在失败了，但是我看到了你的态度和意志力。"孩子面对失败时，父母要帮助孩子意识到：我可以再一次尝试，就算没有达到目标，通过尝试我也学会了一些东西，而不尝试去做的话永远也学不到，这才是更重要的。

总结一下

第一，接纳孩子，每个人面对挫折、失败都会产生很多情绪，请接受孩子的情绪。

第二，在孩子面对挫折失败时肯定、赞美、认同他，从孩子面对困难的过程中发现他值得肯定的地方，并且明确告知孩子。父母如果能够有这样的态度，孩子的抗挫折能力会一天比一天强大。

孩子遇到问题
就退缩，
怎么办？

有一位妈妈说，儿子六岁多了，还是非常黏妈妈，感觉是因为缺少安全感；儿子也不爱写作业，上课注意力不集中，经常走神，记忆力也很差，只记得自己感兴趣的东西，不愿意去记小朋友的名字；一遇到问题就退缩，抗挫折能力比较差。应该如何帮助他建立安全感、提高注意力和抗挫折能力呢？

根据妈妈的描述，这个孩子的问题，不只是安全感不足，而是"五朵金花"都无法绽放。他不愿意记小朋友的名字，表示他对朋友没有兴趣，也就是说，这个孩子与人连接的能力那朵花没有开，爱的能力那朵花也没开好；遇到问题就退缩，说明孩子的自我价值感不足，价值感越不足，孩子就越无法面对挫折；孩子的安全感和独立自主能力也不足，因此简单来说就是：五朵金花，通通不开！

一个孩子的"五朵金花"都无法绽放，是因为他得到的心理营养不足。

首先我要给这位妈妈的描述打一个问号。她提到自己的孩子，比如学习能力、交际能力、注意力、记忆力等，几乎都不太好，那么妈妈是否知道自己的孩子好在什么地方？如果请妈妈拿出一张纸，写下孩子的十大优点，妈妈能否马上写出来呢？难道孩子一项优点、一项特长都没有吗？这几乎是不可能的。那么为什么孩子在妈妈的眼里都是缺点呢？

第一，父母要学会肯定、赞美、认同孩子。因为孩子的价值感、坚实的自我形象、抵抗挫折的能力和面对困难的勇气，都是在父母真诚的肯定、赞美、认同里一点一点建立起来的。父母可以问问自己：是否能立刻看到孩子的优点在哪里？如果看不到，可以把孩子每天做得好的地方列出来，从很小的事情开始，看看孩子做到了什么。比如主动收拾自己的书包；独立完成了作业；孩子平常的兴趣爱好有哪些，当他有兴趣时能否做得好一点……把这些全部列出来，每天告诉孩子，父母看到他哪些地方做得很好。这样做对孩子提升价值感有很大帮助。当然，父母不能讲虚假的话，要用生活中实际的例子、真实发生过的事情，才能让孩子吸收到心理营养，进而提升价值感，从容面对生活中的挫折和失败，对于自己暂时做不好的事情或者一时的失败，也不会产生那么多情绪，因而退缩甚至放弃。

第二，父母要处理好围绕孩子的三种关系。孩子出现问题时，妈妈要扮演好重要他人的角色，处理好围绕孩子的三种关系：爸爸和孩子的关系，妈妈和孩子的关系，妈妈和爸爸的关系。如果妈妈能帮助孩子从这三种关系中获得滋养，那么孩子的心理营养自然就会得到补充。从妈妈的角度来说，首先要做的就是改善自己跟孩子的关系——不要伤害孩子的自尊，不要让孩子觉得没面子，自己不要有太多焦虑。

妈妈要学习怎样给予孩子肯定、赞美、认同，减少对孩子的批评，更加信任孩子，让孩子有尊严、有面子。这样双管齐下，很快就会看到效果。

孩子学习特长
很容易放弃，
怎么办？

有一位家长说，她的女儿今年七岁，遇到稍有难度的事情就会放弃，比如学特长学到后面越来越难，就不肯再学了．拼乐高积木也是这样，不会的就交给妈妈，再也不肯拼了．特长学了好几个，都是女儿自己要求学的，可是一碰到问题就放弃．该怎么办呢？

这个孩子不太能承受挫折，碰到困难时很容易放弃。针对这样的孩子，最主要的是抓住学习的两个要点：第一，让孩子发展出对某件事情或者某个特长的兴趣、乐趣是最重要的；第二，如果孩子的兴趣确实不大，但是父母又很希望孩子能够学某样特长，就需要父母和孩子建立良好的关系。

一种情况是孩子对某件事或某种特长很有兴趣，所以很愿意去研究、尝试；另一种情况是孩子虽然对这件事情或者这种特长兴趣不大，但是对于能够从父母这里得到心理营养有兴趣，比如在学习遇到挫败时依然能够收到重要他人给她的爱、重视和接纳，给她的肯定、赞美、认同，以及示范帮助。这种情况主要靠的是她跟重要他人之间较好的关系，当她得到心理营养时，生命力就会绽放。

其实孩子小时候学特长，最重要的是培养出对特长的兴趣。举例来说，一个孩子学了很多特长，其中一项是弹钢琴。当看到孩子很有兴趣学习弹钢琴时，父母应该关注的是怎样让孩子从弹钢琴中得到更多乐趣，哪怕只是弹一首很简单的曲子。但很多父母更希望孩子能赶快参加钢琴级别考试，注重考试成绩，恨不得在很短的时间里把孩子培养成钢琴家，比其他孩子强，让父母有面子。但是，我们应该知道，在特长学习中，最重要的不是让孩子学得多快多好，考试能得到多少分，而是让孩子在学特长的过程中发现更多新的兴趣，得到以前没有的快乐。

成人做出各种各样的努力，终极目标是获得快乐，孩子也是一样的，学习最重要的是培养兴趣，获得快乐。如果学完一个之后马上又去学更难的，孩子会发现自己一直处于各种考验和竞争当中，无法从中获得什么乐趣。

除了兴趣以外，孩子之所以愿意学习，是因为重要他人会给予他肯定、赞美、认同。比如孩子现在学习拼乐高，父母可以先让她非常容易地拼出一个有趣的东西，无论孩子拼了什么形状，都让她根据自己的创意编故事，父母要做的就是认同。对孩子来说，在学习时如果能产生创意，并且这个创意不在于她做得多好、做得多对，而是通过她的努力，得到重要他人给她的肯定、赞美、认同，她跟重要他人的关系越来越好，这才是更重要的。这样，在面对挫败时，孩子就会有耐心，因为她知道，一旦自己能够克服挫败继续尝试，不管尝试的结果如何，都能得到肯定、赞美、认同。

孩子遇到挫败时最怕的是被批评、轻视，因为这样有些孩子索性就不学了。所以面对孩子在学习上的急躁和退缩，父母要从两个方面去想：一是怎样增加她的学习兴趣，二是给她真正的肯定、赞美、认同，让她在每一次学习、尝试、创新之后得到最好的回应。

孩子对竞争
不感兴趣，
怎么办？

有一位妈妈说，儿子上小学一年级，不敢参加集体活动。比如老师组织小朋友参加一些游戏，表现好的孩子会有礼品。她的儿子对奖励很有兴趣，却总是不敢参加，无论父母怎么鼓励都没有用。这种情况也体现到了学习上，遇到稍有困难的题目他就不肯做，不敢去挑战，其实经过父母的提示他是能够做出来的。对于没有竞争兴趣又惧怕困难的孩子，该怎么办呢？

这个孩子觉得自己比不过别人，或者即使尝试了，也达不到自己想要的标准，这时就会退缩，压根儿不去做，害怕竞争或者对竞争根本没有兴趣。

其实，没有哪个孩子会对竞争没有兴趣，人类所处的环境本身就充满竞争性。孩子在成长过程中，要去学习各种各样本来不会的东西，在这个过程中往往会出现三种情况：觉得比不过别人，觉得自己做得不够好，或者压根儿不想去做。

相对来说，成人受挫败的机会没那么多，因为成人有很多选择的权利，可以选自己擅长的，或者至少比较有把握的事情去做。而孩子常常处于一种攀比、竞争的状态，不是跟别人竞争，就是跟自己竞争，总是希望自己能比得过别人，或者和别人一样好，如果发现别人会做而自己不会，就会特别紧张、害怕，而这是所有小孩必然要经历的一个阶段。

父母如果想培养孩子的抗挫折能力，需要注意以下三点。

第一，父母要接纳孩子面对失败时自然会有的情绪。

孩子面对挫折失败时，如果父母无法接纳他的情绪，孩子可能会认为父母不能接纳他的失败，其实这才是对孩子最大的伤害。

首先要反复告诉孩子，在学习的过程中多多少少都会遭遇一些挫折，这是所有人都要经历的一个过程。当孩子做得不好时，要告诉他："可能你还没有做好，可能你还不满意，但是不要紧，你可以不断学习和提升。"

孩子面对挫折产生情绪反应时，父母能否接纳他？这是给孩子补充心理营养的第一个关键——能够无条件接纳孩子。当孩子出现问题时，当他做错时，当他有负面情绪时，当他觉得自己失败了或者达不到标准时，父母要接纳他——接纳他的失败，接纳他的错误，接纳他达不到标准，接纳他的负面情绪。

第二，孩子面对挫败时，父母要做孩子的模范。

孩子面对挫折时有很多情绪，是因为他不知道接下来怎么办才好。这时孩子非常需要一个"模范"，教导他怎样面对挫折，怎样比原来更好。比如，当孩子沉浸在挫败情绪里时，父母可以告诉他："妈妈知道你会有这样的情绪，不要紧，接下来妈妈教你怎样才能做得更好。"然后妈妈要有耐心，一点一点地指导孩子。比较糟糕的情况是，父母只是告诉孩子不要伤心，不要难过，不要生气，但是对于怎样才能够进步，怎样才能做好，怎样把不懂的弄懂，却没有耐心教导孩子。

如果孩子发现自己能够做得更好，那么再次面对挫折时，他的直接想法就是：我能够从眼前的状况中取得进步，因为这一点已经得到了一次又一次的证明，每次失败都代表我有很多学习和进步的空间。这不是一句空话，而是实实在在的，孩子看到自己像植物一样不断成长时，这种成长本身就能带来很多快乐和喜悦感。

第三，孩子做到之后父母要肯定、赞美、认同孩子。

孩子在父母的教导下取得进步时，要明确告诉孩子："我看到了你的进步。"孩子愿意去学习、进步，哪怕伤心、害怕、生气，他还是愿意尝试，由不会、不懂到会了、懂了，由做得没那么好到做得很好，父母要看到这个过程，并给予孩子肯定、赞美、认同。

总结一下

怎样培养孩子的抗挫折能力？

第一，父母要接纳孩子的失败，以及他面对失败而产生的负面情绪。

第二，父母要做孩子的模范，教导他怎样才能够把事情做好。

第三，孩子做到了就要肯定、赞美、认同他。

如果父母做到这三点，那么孩子长大成人后抗挫折的能力会非常强大。

孩子自暴自弃，
怎么办？

有一位父亲说，儿子16岁了，今年读高一，由于过去功课落下太多，现在对学习基本失去了动力，做作业时稍有不顺就索性都不做了。面对文理分科，他觉得每科都不理想，所以拒绝做出选择，全年级只有他一个人还没有确定，老师、家长要帮他，也被他拒绝。家人想请家教帮他补习功课，他也不要。他越来越沉沦，每天躲到网络里玩游戏、看小说，不愿走出来，遇到任何一点困难就放弃、躲避，别人很难靠近他，他也没有好朋友，没有可以交心的人。对于这样的孩子，怎样帮助他呢？

有很多资深校长告诉我，近年来，这样的孩子越来越多，他们无法面对挫折，对学习、对自己的事情，包括交朋友，完全没兴趣。好一点的沉迷于网络，更糟糕的会出现一些偏差行为。面对这种情况，表面上看是孩子无法面对挫折，实际上孩子已经进入自暴自弃的状态——除了沉迷于网络，对什么都没兴趣。那么父母要怎样帮助孩子呢？

父母要调整自己的期待

孩子自暴自弃的一个原因，是父母对孩子的期待过高。

孩子没有变成现在这样时，不管在生活习惯还是学业上，都曾经想要满足父母的期待，却发现自己没有办法满足。正是父母对孩子的期待高过了孩子的能力，以致孩子最后自暴自弃。

自暴自弃，就是孩子应对不断提高期待的父母的一种方式。当孩子觉得自己已经用尽了"洪荒之力"，却依然没有办法让父母满意时，那么孩子就会自暴自弃。最明显的表现就是学业成绩等各方面都在下滑。

一般来说，这类孩子最初成绩并不是特别差，成绩通常在中上等。父母认为，孩子只要多用功一点、努力一点，再多花一点时间在功课上，是可以继续上升的，但是孩子发现没有办法像父母期待的那样从中上进入前列，至少孩子自己是这么认为的，就会进入自暴自弃的状态。

孩子自暴自弃的另一个原因，是父母过于追求完美。

完美主义的父母，要求孩子做的事情总是超过孩子自身的能力，只有如此父母才不焦虑。比如，如果孩子只能拿起100斤的东西，完美主义的父母要看到孩子拿起120斤的东西才能安心。孩子做的事一直超越自身能力，久而久之，一般15岁以后就没有办法支撑下去了，开始出现案例中这样自暴自弃的情况，很可能还会越来越糟糕。

孩子之所以会自暴自弃，比如不想交朋友，不想与人沟通，对什么都没兴趣，不愿意决定选择文理科，不想为自己的未来负责，简单来讲，就是因为不管做什么选择，结果都会被指责。

无论高期待的父母还是完美主义的父母，在这种情况下，首先要做的就是降低自己的期待，甚至要降得非常低，做好要花很长时间的准备，让孩子慢慢地、一步一步地恢复正常。在这个过程中父母一点都不能心急，如果看到孩子进步一点就开始心急，孩子马上就会掉回原点，而且可能会掉得更快。

父母要帮助孩子寻找成就感

父母要看看，孩子现在做什么才能让他收获成就感。孩子自暴自弃时，对自己完全没有信心，所以父母要寻找机会让孩子获得成就感，重新建立自信。可能完全是跟功课无关的，比如独立参加某个计划、项目、活动等，让孩子完全忘记关于学业的事，从自暴自弃的阴影里走出来。参与这些活动时，孩子能够收获成就感，而且是真实的成就感，同时父母要一直肯定、赞美、认同孩子。

案例中提出问题的是父亲，对儿子来说，父亲的信任更重要。不管之前孩子表现怎么样，父亲要相信孩子能够重新开始，看到孩子的优势和努力，去真诚地肯定孩子。如此一来，孩子才能慢慢走出来。

这个孩子已经16岁了，建议最好找专业的青少年心理咨询师寻求帮助。什么样的心理咨询师对青少年来说比较适合呢？能够和孩子较好连接的咨询师。不要看他的学历是否高，名气是否大，最重要的是，他在给孩子做咨询时，孩子能够跟他建立较好的连接，他能够成为孩子的另一个重要他人。同时，因为咨询师是外来的，可能孩子会觉得他比较客观，也能够帮助父母发现孩子的特点和优点，然后据此做一个计划，让孩子通过参加一些活动或者项目来获取成就感，这样孩子就能慢慢恢复自信。

孩子自尊心强，
胆子又小，
怎么办？

有一位妈妈说，儿子快5岁了，性格内向胆小，心思也比较重，不像其他男孩那样大大咧咧的有一天晚上，在书上画五角星，儿子不会画，画得很不像，他就很难受，几乎要哭了，焦虑、着急地念叨说："不好看……不好看……怎么办啊……怎么办……"父母反复开导说："没关系，重画就行"可是儿子依然很焦虑

妈妈说类似例子有很多 儿子做得稍微不好，就会感觉心里很别扭，哼哼唧唧的，本来不是什么大事，但在儿子看来就像天要塌下来一样 即便妈妈跟他一起玩，儿子都很胆怯，稍不注意就会伤到他的自尊心，瞬间翻脸，翻脸时也不像其他男孩会打人，而

孩子为什么无法面对挫折？其实并非因为他性格内向，通常是因为孩子碰到了两种类型的父母。

一种是非常强势的父母，他们养育孩子的态度是"别说你要做什么，我怎么说你就怎么做，你没有提意见的资格"。另一种是非常严苛的父母，他们对孩子的任何方面，包括生活习惯、学习等都会严厉批评，用语常常比较难听。

孩子在成长过程中要不断学习，学习本来就是从不会到会的过程，所以做得不好、出错或者失败都是很正常的。如果父母非常强势，也没有同理心或同情心，完全不愿意听孩子解释，只是用严厉的语言来批评孩子，那么越是敏感的孩子挫折感就会越强，积累到一定程度，就会非常害怕面对挫折，因而不愿意去做，或者面对挫折时完全退缩，或者不愿意承认自己失败了。

如果希望养育出有抗挫折能力的孩子，父母就要去反思，自己是不是太过强势，所用的语言对孩子来说是不是太过伤人。

很明显，案例中的妈妈有一个固有的想法，就是男孩子应该大大咧咧、非常勇敢、有想法就大胆说出来，她认为自己的孩子太过扭捏，所以说了很多批评的话。

妈妈这样的态度，对于一个四岁多的男孩来讲，伤害是很大的。这是孩子的性别认同期，妈妈可以这样对孩子说："你既有男孩子的气力，又有男孩子的责任，同时你非常特别，有很多男孩子所不具备的特质，比如特别细心，懂得去观察。每次我都看到你很想做好，所以用心做了又做，妈妈觉得你真是一个非常特别的孩子。"这样孩子就会觉得："是啊，我是一个男孩子，而且我比其他男孩子更加细心，这是一个优点，不是一个缺点。"

比如画画，孩子很细心，很想画好，当他做不到时，父母可以慢慢引导他怎么画，而不只是让他不断重画。因为就算他重画，也未必能随心所欲地把想要画的画出来。父母可以在纸上先用虚线把五角星点出来，然后让孩子沿着虚线，一点一点连起来，这样他就发现自己进步了，对敏感的孩子来讲这很重要，孩子会很高兴并且愿意坚持画下去。关于怎么教导孩子有很多方法，重要的是父母的语言、态度不要暗示孩子"你不像其他孩子那样好"，这是非常需要注意的。

02

不接受批评闹情绪，怎么办？

批评孩子，

一定要非常小心，

最好就事论事简单讲讲孩子的行为，

而不批评他的人格。

孩子自尊心强，
拒绝接受批评，
怎么办？

有的家长问：孩子一句批评都不能接受，是不是自尊心太强了？怎么帮助孩子学会接受批评，而不是一听到批评就闹情绪呢？

要知道，所有人都不太喜欢被批评，任何人被批评时都会觉得有点难受。特别是孩子，其实非常希望自己"人见人爱""花见花开"。孩子犯错被批评时，会很害怕因此不被接纳、喜欢，父母不再爱他了。所以孩子被批评时一般都会不快乐、不高兴，表现出沮丧、难过，有的则出现所谓的闹情绪。这是普通人都会有的正常心理。因此不要奢求孩子能像圣人一样，被批评时能够虚怀若谷，就像什么都没发生一样，非常平和、谦卑地接受批评并且改进。当然，如果孩子已经到了情绪非常大以致任何批评都听不进去的地步，确实是不恰当的。

孩子在成长过程中做事难免不恰当、会出错，如果不得不批评、教导孩子，又希望孩子不会闹情绪、大发脾气，应该怎么做呢？

做错事情不是问题，
关键要知道错在哪里以及如何改进

○

孩子还小，在学习或做事情的过程中很可能做得不恰当。要让孩子形成一种意识：做得不恰当或者做错不是问题，但是要明白错在什么地方，以及从哪些方面进行改进，然后去改过就好了。这也是为人父母对待孩子错误所应有的态度。

我记得自己9岁时做错了一件事，当时父亲没有直接说出我做错了什么，而是先叫我背一句古文"人非圣贤，孰能无过，过而能改，善莫大焉"。背完以后他问我，是否知道这句话的意思，然后跟我解释说："因为你不是圣人，所以你很容易做错事，最重要的是，如果你做错了，你要知道这是错的，而且愿意去改过，再没有比这更大的善了。"

这是我背的第一句古文，至今仍然记忆犹新。过后父亲才告诉我，我究竟做错了什么事。如果我做错了，我要怎么办——如果孩子能收到这样的信息，从小就知道做错是能够改过的，那么会对孩子有很大的帮助。

批评孩子的时候应该怎么说

○

如果批评孩子时，孩子总是反应很大，很可能是父母用的词汇、语句或者语气让孩子觉得非常伤自尊，这会导致孩子难以接受父母的批评。那么批评孩子时，应该用怎样的语气和措辞呢？

讲事情本身，怎么说都可以，但是如果讲到孩子这个人，就要非常谨慎。比如"你怎么这么笨呢？你都多大了，怎么连这么简单的事情都不懂？我真后悔把你生出来……"这就属于人格上的羞辱。批评孩子时，一定要非常非常小心，其实最好就事论事简单讲讲孩子的行为，而不批评他的人格。告诉孩子什么地方是错的，哪些行为、语言或者做法不适合。也不用绕来绕去很婉转地讲，可以简单直接讲清楚，切忌牵涉孩子的人格。

比如孩子做错了一件事情，妈妈可以告诉他："孩子，昨天你用了讥笑的语言去嘲笑别的孩子，让他感觉很难受，妈妈觉得这样嘲笑别人是错误的，以后你不要再这样做了。"这样跟孩子说，是在跟他讲一个事件，是在教导孩子如何行事为人，这种批评通常孩子是能够接受的。

如果妈妈这样说："孩子，你怎么可以这样对别人呢？你这样做是非常不善良的，会让人家觉得你是一个心肠狠毒的孩子，这样就没有人会喜欢你了。"这就是针对人格的批评了，很容易引发孩子的情绪。小孩子更容易闹情绪，因为越小的孩子自尊心越强。

孩子犯了严重的错误时应该怎么说

如果孩子犯的错误确实很严重，那么可以简单直接地告诉他，他做了什么事情，其中哪些行为是错误的，是需要改正的，而且谈话时需要和孩子有一些身体上的连接。

其实孩子犯错时自己也是知道的，如果想让孩子听进去父母的话，就需要跟孩子在身体上有一些连接。

具体怎么连接呢？比如可以握住孩子的手，或者把一只手搭在他的肩膀上，然后看着他，非常有力量而又温和地对他说："孩子，昨天你和一个比你还小的孩子打架，你把人家打伤了，妈妈觉得这样做是错误的，因为打架真的很不好，非常不应该。"这样让孩子明白：这件事你肯定做错了，但妈妈依然是爱你的。

孩子对这样的批评是能够接纳的。因为孩子犯错时，一般自己是知道的，也会很害怕，最害怕的就是妈妈不再爱他了。所以如果妈妈用肢体语言来表示爱他，简单、直接地告诉孩子做错了什么，孩子就能够接纳批评。

孩子『躺枪』，委屈自责，怎么办？

有一位妈妈说，儿子13岁了，一直以来都很温和，有时虽然也有不满、愤怒，但常常压抑自己。儿子在学校很听话，可是经常因为老师在班上发脾气，或者大面积批评同学——其实儿子并没有犯错，只是一起"躺枪"了，他就会觉得很委屈，产生自责、内疚、难过等情绪。这位妈妈问，儿子是缺了哪种心理营养？除了给儿子肯定、赞美、认同，还能怎样帮助儿子？

　　其实孩子能够做到这样的温和已经非常好了，很可能什么心理营养也不缺。一个13岁的孩子，本身没犯错，被老师捎带批评，觉得委屈、难过、自责、内疚，是一种非常正常合理的反应。难道希望孩子像圣人一样完全没有反应、没有情绪波动吗？这是不可能的。那么父母怎样帮助孩子呢？

接纳孩子的情绪

♀

父母不要一看到孩子有负面情绪就受不了，或者总是想帮孩子赶快从负面情绪里走出来，要先接受孩子的情绪——孩子今天无缘无故被批评了，当然会不舒服、难过，甚至会怀疑自己是不是真的做错了什么。

父母想要帮助孩子，首先要接纳孩子有这样的情绪。当孩子告诉你他有情绪时，可以简单地告诉孩子，比如："妈妈看到了，这件事情真的是委屈你了，这件事情真的跟你没关系，老师这样乱发脾气，真的是伤到你了。"接纳孩子的情绪，而不是一看到孩子有负面情绪就很焦虑，急于消除他的负面情绪。父母能够接纳孩子的情绪了，孩子就会觉得好多了。

父母要表示非常有兴趣听孩子说话

○

孩子其实没有太大的问题，只是需要说出来，如果他说的过程中不被打断，那么讲完以后他的情绪能量就能舒放出来了。

世界上有很多事情，并不是我们可以选择的，但是仍然会降临到我们身上，而我们的身体也会因此产生一种情绪的反应或者表现。孩子明白自己改变不了老师，改变不了学校，改变不了其他人，但还是会觉得委屈、难过，跟妈妈说的时候，妈妈能耐心、有兴趣地倾听，他就会觉得好多了。

所以案例中的妈妈要做的是：第一，接纳孩子的情绪；第二，在孩子讲的时候好好倾听。倾听是通过肢体语言表达出来的。比如孩子在讲的时候，妈妈脸上的表情很认真，身体微微向前倾，适当的时候点点头表示听明白了……这些肢体语言都能让孩子收到信息——妈妈在很认真地倾听我说话。

孩子一被批评
就闹情绪，
怎么办？

有一位妈妈，大儿子15岁，小儿子12岁。她说自己是个安全感缺失、情绪很不稳定的妈妈。在她的童年里，父母天天吵架，父母吵架时她就在一旁哭泣，自己学习时总是紧张、记不住。现在，妈妈的情绪不稳定已经影响到了孩子。比如每次听写语文生字，孩子一不会写，妈妈就会生气，批评孩子上课不认真听讲，但是骂也不管用，孩子仍旧不会写，而且一说听写就情绪很大，甚至哭，对学习影响很大。现在她看到，两个孩子的问题都很多——不自信，多动，学习困难……那么，妈妈该怎么办呢？

自身情绪不稳定的妈妈，常常带着很大的情绪批评、责骂孩子，孩子也一定会情绪非常不稳定，甚至会大吵大闹。研究报告显示，妈妈的情绪，特别是焦虑，非常容易影响孩子。

案例中的妈妈意识到了，因为自己的情绪非常不稳定、安全感不足，两个孩子也不自信，甚至多动，遇到很多学习困难。两个孩子分别是12岁和15岁，都已经进入了非常关键的时期，如果妈妈还不改变，恐怕孩子过了15岁以后，再想改变会加倍困难。孩子越小的时候，妈妈做出改变，对孩子的帮助越大。

每个人一般有两个家庭，一个是结婚前的原生家庭，一个是结婚后的婚姻家庭。

不管妈妈的原生家庭是什么样子的，在结婚以后的这个家庭里，如果能够处理好家庭关系，会远远超出原生家庭的影响。对于原生家庭，我们无法选择自己的父亲和母亲，也无法改变父母的关系和他们相处的模式。我们能够做的，而且通过努力就可以有成果的地方，就是我们现在的婚姻家庭。

一个好的婚姻关系，一个好的婚姻家庭，对一个人有很大的疗愈作用。结婚后的家庭，如果能够经营好，对于心理营养（包括安全感、希望被接纳的感觉等）的补足远胜过原生家庭。

所以建议这位妈妈，把时间、精力全部用在经营现有的家庭关系上——一个是妈妈和孩子的关系，一个是妈妈和丈夫的关系。想要处理好跟孩子的关系、跟丈夫的关系，主要方法就是"三个不要做，只做心理营养"：第一，说话不要伤他的自尊；第二，说话不要让他觉得被羞辱没面子；第三，尽量在情绪上不要太过焦虑。要做的就是给自己补足心理营养。

如果在原生家庭里妈妈自己的心理营养不够，现在要在亲密的人——孩子、丈夫——身上补足，也许真的有难度，但这是妈妈自己愿意做，不靠别人就可以做到的。当妈妈这样做时就会发现，和孩子的关系会大大改善，而只有这样，孩子不自信、情绪波动、学习困难的情况才能够真正改变。

我很高兴，这位妈妈看到孩子出现的各种情绪问题实际上跟自己有关，愿意把眼睛专注在自己身上，看看自己能够做什么。妈妈的情绪改善，才能从根本上帮助孩子。

孩子学习缺乏
上进心，
怎么办？

有位妈妈说，她的孩子学习能力没有问题，但就是没有上进心　考试成绩差，他觉得无所谓；迟到、忘记写作业，好像也不担心　前段时间，妈妈说如果考试考不好就要打他，他才稍微认真一点　否则，即便他答应了要好好学，学的时候还是很随意　妈妈的接纳和肯定，反而会让孩子觉得，考试考不好、书读不好问题也不大　妈妈问，对这种什么都无所谓的孩子，怎么教育？怎么让孩子在意自己的成绩，在意自己是否优秀呢？怎么让孩子有自尊心、上进心呢？

　　关于自尊心、上进心的问题，其实妈妈根本不用担心。

任何人的内心都是有上进心和自尊心的。就好像一棵树，它一定希望长得越来越好——叶子是大大的，树干是粗壮的，花是美丽的，能开多大朵就开多大朵。人也一样，非常希望能做好，得到别人的肯定、赞美、认同。这是人本能的需求。当然人跟人之间也是有差别的。有些人可能特别上进，或者自尊心特别强；有些人虽然也上进，也有自尊心，但不会表现出来。

那么，如果孩子常常表现得好像什么都无所谓——对于功课，对于追求更好的成绩，对于自己是不是优秀，都不在意，这是为什么呢？

这可能是孩子应对焦虑的妈妈的一个方法。孩子之所以会表现出这种无所谓或者不在乎的样子，是为了应对焦虑的妈妈。当妈妈过度焦虑时，孩子应对妈妈的一个常用方法就是故意表现得不在乎，只把自己的本分做好。

这位妈妈说，她知道孩子的学习能力是没有问题的。那妈妈怎么知道孩子学习能力没有问题呢？是因为孩子曾经的表现——他是能够读书的，是会读书的。所以孩子所想的是：我就是要让你知道，我读书没有问题，我成绩不会太差，我是可以做到的；但是我不喜欢你的态度和做法，因为焦虑你总是唠叨、批评，想要借此推动我前进。我已经做好自己的本分了，就算我偶尔忘记，偶尔没做好，也是可以理解的。

这样的孩子一般能够接纳自己，最不喜欢别人强迫他跟随别人——比如妈妈的节奏或者模式。遇到焦虑的妈妈，他的对抗方式是：我不会直接跟你冲突或者闹情绪，只是表现出无所谓、什么都不在乎的态度，你意识到讲得再多也白讲时，就会放过我。

不同的孩子有不同的性格。案例中的妈妈性子比较急，而孩子恰恰是比较温和的，不愿意有冲突。建议妈妈看看能否反其道而行。既然用很焦虑的情绪去推动孩子，孩子反而越来越不在乎，那么妈妈能否逆向思考，用一种完全不同的方式呢？

妈妈可以告诉孩子：你需要做的最基本的是两点——第一，把自己的功课做完；第二，确保现在的成绩不会后退。只要目前的成绩能够保持，每天的功课都能按时做完，就告诉孩子：你有很大的进步空间，你跟着自己愿意的、喜欢的方向去发展自己，妈妈就不会批评你，也不会在你旁边唠唠叨叨；但是如果你的功课没有做完或者成绩退步，妈妈就需要和你谈谈了。

如果孩子看到妈妈确实能够做到不唠叨批评，就会按照自己的方式或者节奏做好功课。怕的是有些妈妈，不管孩子怎样做，即使进步了，妈妈也会觉得还可以做得更好，然后又是一轮催促、批评、唠叨。久而久之孩子就会用无所谓、不在乎的方法来应对妈妈。

对于如何让孩子在学习上更加有上进心，主要就是两招：一是让孩子对学得不是太好的科目产生更大的兴趣；二是让孩子在进步中得到肯定、赞美、认同，而不是批评。在孩子的学习过程中，对任何小小的进步，都给予孩子肯定、赞美、认同。

孩子被批评时
不听劝，
怎么办？

有一位妈妈问：当孩子做错事的时候，如何能够做到无条件接纳？另外，批评孩子的时候，孩子一般都会有情绪，根本听不进去后面的话，那该怎么办？

所谓无条件接纳，并非孩子做了错事不批评孩子，该批评还是要批评，但是批评时要明确表达：你只是做错了一件事情而已，妈妈只是批评错误的行为，希望你更加有能力、变得更好，即使妈妈批评你，对你的爱也丝毫没有变。

孩子被批评时有情绪是正常的，任何人被指责或批评时心里都是有些不舒服的。如果孩子一被批评就闹情绪，情绪非常大甚至完全听不进去，那么父母要检讨自己，批评的语调、语气是否合适。

俗话说："一句话说得合宜，就像金苹果落在银网子里。"意思就是，要尝试把话说好，特别是批评的话。批评会引发一个人的防御系统。什么是"防御系统"？人从生出来的那一天就已经具备防御本能，人们一旦觉得自我价值感被贬低，或者要被攻击的时候，防御本能就会自动触发。当一个人被指责不够好或者做错事情时，就会开启防御系统，有时候会直接否认，有时候会反驳说"我根本就没有错，都是你的错"，防御时就只顾防御，别人说什么话都听不进去。所以为了让孩子能够听进去教导的话，而且愿意跟从，怎样说批评的话就很有讲究了。

说话的语气

孩子做错了一件事情，如果妈妈说"你错了，知道吗"，这种语气马上就会启动孩子的防御系统，因为他有一种被攻击的感觉，一旦开启防御系统，孩子整个人就会进入防御状态，很难有兴趣、有耐心地倾听父母教导他的到底是什么。很多时候父母讲的内容没有问题，只是语气引发了孩子的防御系统。所以父母要特别注意说话的语气，可以有力量，但是不要凶，不要有过多的情绪在里面。

建议案例中的妈妈检讨自己，是否因为自己的情绪引发了孩子的情绪，而这种情绪让孩子启动了防御系统，因而他没有办法好好听妈妈说话。

所用的词汇

○

想告诉孩子这道题目做错了，可以这样讲："孩子，这道题你做错了，妈妈教你怎么做，你就会越来越好，下次就会进步了。"教导孩子的时候，特别是指出孩子做得不好、不对、没有达到标准时，最后一定要讲正面的话，而且要真心真意地讲。

说完负面的问题之后，赶紧讲一个正面的。这些正面的词汇能够把之前的批评用词"包"起来，孩子听到的是最后正面的意义，也就能够听进去了。就像用甜枣配苦药，孩子就能吃下去了。

如果对孩子说："孩子，你又做错了一道题，妈妈跟你讲过多少次了，你总是错了又错，真是太笨了，你什么时候才能改……"其实妈妈本来是想告诉孩子那道题是错的，但是说了这么一堆，孩子听起来就是在翻旧账，而且加了很多负面的形容词，特别是批评了孩子的人格。这很容易引发孩子的防御系统，孩子是不会听的。

因此，父母要检讨，怎样措辞才能把自己想要说的准确表达出来，同时不会引发孩子的防御系统。孩子的防御系统一旦启动，外向的孩子会攻击，内向的孩子会退缩，父母真正想教的孩子根本没有办法听进去。

03

与人相处不开心，怎么办？

孩子所有的学习，都是从体验而来的。

从分享的过程里感受到快乐，

感受到分享所传递的爱，

孩子才会愿意分享，

也才能真正学会分享。

孩子不愿和小朋友分享，怎么办？

孩子不愿意和别的小朋友分享，好像太小气、太自私了，怎么教导孩子大方热情，愿意和其他的小朋友分享呢？其实这是很多父母常常会感到困惑的问题。做父母的都希望自己的孩子有美德，能够像"孔融让梨"故事里的小孔融一样，把大梨让给别人，自己拿小的，愿意无私分享自己的东西，而不是眼里只有自己，甚至和别人抢玩具、争夺好吃的。当看到孩子以自我为中心，表现得好像很自私、很小气时，父母就会非常揪心。

孩子一定是先有"我"的意识，
在自我的基础上才会产生"他人"的观念

○

一般来说，孩子在两岁半以后，就开始有"我"的意

识了，大部分孩子到了三岁时，"我"的意识已经非常强烈了。

什么叫作"我"的意识呢？两岁半之前的孩子，一般对于"我"的意识还是很模糊的，他们更多的是处于跟自己的重要他人，特别是跟妈妈的共生关系里。到了两岁半以后，有些孩子逐渐产生"我这个人""我是一个独立的个体"这样的意识，这种意识的萌芽，通常伴随着孩子想要拥有"我的东西"——"这是我的妈妈，这是我的爸爸，这是我的朋友，这是我的玩具，这是我的糖果，这是我的饼干"，以及"我的身体、我的头发、我的衣服"，等等。

为什么一定要允许孩子有这样的一个过程——能够清楚区分什么东西是我的，包括食物、玩具甚至关系？这是因为如果孩子尚未建立起"我"的观念，父母就告诉孩子"这个东西是大家的，不是你一个人的，即便是你自己的东西，你也不能一个人玩、一个人吃，要和别人分享"，那么这种强迫性的行为，会导致孩子难以发展出好的界限感。当孩子明确"这个东西是我的"时，他才能够清楚地知道，有些东西不是他自己的，是他人的——比如，是别的小朋友的，是妈妈的，是爸爸的，从而能够建立"我的"和"他人的"概念。

如果孩子无法建立"我的"概念，也就无法建立"他人的"概念了。孩子如果没有界限感，就会想："我是不是想要？想要的话，不管是谁的，我都要得到，不管是争还是抢。"只有具备了界限感，能够分清楚"我的、你的、他的"时，孩子才能学会更重要的一点：懂得尊重别人的东西——这是别人的东西，如果没有得到允许，我不能去抢。孩子不争不抢的前提是他自己的东西是被尊重的，他不会被强制分享，他的东西不会被别人抢走。

从两岁半到六岁这个阶段，
要让孩子学会分辨这是"我的"东西

○

应对这个年龄段的孩子，有一个好方法：父母可以给孩子一个抽屉，这个抽屉里的所有东西都是属于孩子自己的。孩子拥有自己的东西，如果没有得到他的允许，父母不会去打开他的抽屉，更不会去拿抽屉里的东西。如果孩子有哥哥姐姐或者弟弟妹妹，他们也会有自己的抽屉，在没有得到允许的情况下，谁都不会打开彼此的抽屉，更不会拿抽屉里面的东西。

这样做，孩子就能够非常清楚地知道，这个是我的，那个是别人的。确定了东西的归属之后，父母就要教导孩子尊重别人。要强调的是，孩子尊重别人的前提是其他人尊重孩子，孩子的父母、哥哥姐姐、弟弟妹妹、好朋友都要尊重孩子，不强迫孩子做他不愿意做的事情。

如果孩子说他不愿意分享自己的东西，我们就要尊重他，明确告诉他：这是你的东西，你可以这样决定，我们尊重你。尊重必须是对等的，父母不能用各种各样的道理和行为，强迫孩子心不甘情不愿地把自己的东西分享出去。同时也要教导孩子：当你想要别人的东西时，别人也一样可以拒绝你，而当别人拒绝你的时候，你不能去抢别人的东西，更不能打人，强迫别人一定要分享给你。

等孩子学会分辨这是"我的"东西，又学会了尊重别人以后，就可以教导孩子分享会带来很多快乐，不但给自己带来快乐，也给分享的人带来快乐。

父母要给孩子示范，分享的快乐是怎样的

○

在孩子成长的过程中，特别是在两岁半到六岁，要怎么教导孩子喜欢分享呢？一般是要示范给孩子看，分享的快乐是怎样的。

父母可以先把自己的东西，比如将两个糖果放在手里，然后告诉孩子："孩子，这个糖果特别好吃，妈妈也很喜欢吃，可是妈妈非常爱你，所以妈妈愿意跟你分享。来，给你一个糖果。"

你给了孩子糖果，孩子会很高兴，因为这不只是一个糖果，还有妈妈的爱在里面。妈妈继续跟孩子说："孩子，妈妈看到你拿到糖果的时候很快乐，看到你这么快乐，妈妈也很快乐。看到你笑了，妈妈也非常开心。我送你一个东西，分享一个东西给你，你这么快乐，妈妈也很高兴啊！"

然后妈妈可以很自然地跟孩子说："孩子，我看到你有两块饼干，能不能给我一块呢？妈妈也很想吃。"如果孩子肯给的话，就要谢谢他，告诉孩子妈妈特别高兴，因为妈妈

感受到了孩子对妈妈的爱。让孩子从这种实际的分享里感受快乐，不但感受到自己分享的快乐，也看到别人因为得到分享而快乐，而孩子也会因别人的快乐而快乐。

父母要让孩子在生活的各种细节里，真正去感受分享的快乐。而不是当孩子不肯分享的时候，就数落孩子："你知不知道，你这样很自私？肯分享的孩子才是好孩子，爱分享的孩子才会有朋友，没人喜欢自私的孩子哦。"特别是对很小的孩子讲这样的道理，其实孩子很有可能没听懂你到底在讲什么。孩子所有的学习，都是通过体验而来的。当从分享的过程里感受到快乐，感受到分享所传递的爱，孩子才会愿意分享，也才能真正学会分享。

孩子容易和别人发生冲突，怎么办？

有一个妈妈说，女儿两岁了，脾气比较暴躁，跟小朋友们一起玩时，不让其他孩子碰自己正在玩的东西，甚至会动手打别人。如果跟孩子讲道理，孩子就会岔开话题，不愿正视错误。这位妈妈想知道，该如何纠正孩子的这种行为呢？

对于一个两岁的孩子，是不能用讲道理的方法来教导的。这个年龄的孩子，一般听不懂道理，也无法自己分析问题、理解道理，并且避免下次再有同样的行为。这个年龄的孩子，所有学习都是通过真实的体验进行的。

案例中的这个孩子，脾气比较暴躁，属于比较有力量感、比较外向的孩子，她会把自己的情绪直接表达出来。对于这类孩子，在其情绪急躁的时候，父母的情绪要稳定，不能对孩子发火甚至打骂孩子。父母要用有力量且稳定的声音对孩子说："孩子，这个东西是你的，如果你不愿意分享，别人不可以随便碰你的东西。但是你不能去打别人，打人就是错的。我如果看到你打人，就会抓住你的手，免得你伤到别人。你伤到别人，或者是别人伤到你，妈妈都是不愿意的。"

在跟孩子讲清楚以后，一旦看到孩子动手打人，就要真的抓住孩子的手，同时告诉他松手："当你松手的时候，妈妈也会松手。"父母要如此通过实际的动作、体验去教导孩子，让孩子从实际的肢体接触中明白，打人是不被允许的。

阻止孩子以后，要教导孩子，跟和他发生冲突的其他孩子这样说："这是我的东西，你不能碰，如果你想要的话，必须经过我的允许。"这样教导孩子用语言把自己的意思表达出来，而不是通过动手打人来阻止别人碰自己的东西。如果想表达自己的拥有权，拒绝和别人分享自己的东西，可以教导孩子这样说："这是我的东西，我不喜欢你碰它。"这样一直持续到孩子能够确定自己对东西的界限，能分辨这是我的、你的还是他的，再通过实际体验，教导他分享的快乐。

至于案例中这个两岁的孩子，她非常不愿意别人碰她的东西，这其实是非常正常的。孩子总是在确定了自己的自主权、拥有权之后，才能够学会分享，而且会因为自愿的分享而感到快乐。妈妈不需要太过着急，也不要担心孩子自私、品格不好，或者因为自己没有教育好孩子而自责。其实这是孩子心理成长过程中的正常现象。

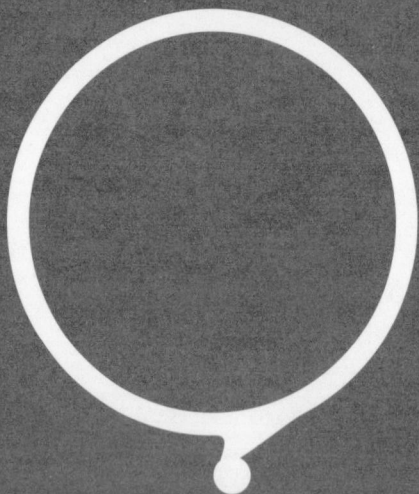

孩子没有勇气
拒绝别人，
怎么办？

一个家长说，儿子四岁了，不敢对别人说"不"。亲戚家有一个女孩，只比他的儿子大五个月，是儿子唯一的朋友。这个女孩经常让他儿子吃一些东西，比如积木、辣椒、橡皮等，而儿子虽然不愿意吃，却不敢拒绝。怎么办呢？应该怎么教导孩子拒绝别人呢？

案例中这个男孩听起来应该是一个比较善良的孩子，这个孩子不敢对别人说"不"，有可能是因为害怕。害怕什么呢？可能害怕说了"不"之后，唯一的朋友就没有了；也可能害怕这个女孩不高兴，而他不愿意看到女孩不高兴；又或者害怕这个女孩生气；当然也有可能因为女孩比他大五个月，怕女孩会打他。

首先，要让孩子明白：你要相信你的身体带给你的感受——不管别人要求你做什么事情，比如别人要求你去玩什么玩具，或者吃什么东西，你要看看自己的身体是否喜欢、愿意。如果你的身体感到不舒服，那么你要相信自己的身体带给你的感受，并且把这样的感受告诉别人。

其次，要让孩子明白：你的感受只是你自己能感受到的，别人很可能不知道，所以你有什么样的感受，是可以去告诉别人的。可以告诉孩子：别人不拥有你的身体，所以别人不知道你的感受。因此你要跟从自己身体的感受，并且告诉别人。比如，你不喜欢吃，就要告诉别人："我不想吃/我不喜欢吃。"

最后，也是最重要的，要让孩子在家里有这样的机会去练习，当孩子觉得不喜欢、不舒服的时候，他可以先告诉父母。比如让他吃某个菜，如果他真的不愿意吃，那么他可以告诉父母："我真的不喜欢、不愿意吃这个菜。"父母要允许他吃其他的东西。

简单来说，要想教导孩子对其他人说"不"，就要允许孩子在家里说"不"；而且当他这样做的时候，虽然父母可能有不同的看法、意见，但是能够允许孩子表达他的不愿意，而当孩子表达了不愿意、不喜欢的时候，他的心声是能够被听到的。孩子感受到被尊重，才能有更大的勇气，觉得可以相信自己的感受。只有真正在家里被尊重，孩子的不喜欢、不愿意可以在家里说出来，孩子才会相信父母告诉他的，这样拒绝别人是可行的。这样当别人叫他做一些他不想做的事情时，他才能够有勇气说"不"，并且相信自己是可以被尊重的。如果别人不尊重他，他有勇气告诉别人自己不高兴："如果你强迫我做，我是很不高兴的。"

对于案例中这个孩子，可以告诉他：当你不愿意的时候，你就简单地说："这个东西我不喜欢吃/这个事情我不愿意去做/我不喜欢玩这样的游戏……"这样教导孩子简单扼要地把自己的意愿讲出来。如果他讲出来却没有得到尊重，那就要带着孩子，给他示范如何去拒绝强迫他的孩子。

比如，父母可以温和但是坚定地告诉那个女孩："这个东西，我儿子不喜欢吃，以后这样的东西，你不要给他吃，否则他会很难受，甚至会生气，你们两个人就做不成好朋友了。"父母可以给孩子示范怎样温和而坚定地拒绝别人。让孩子能够慢慢学会跟着自己身体的感觉，能够告诉别人，这是他不愿意、不喜欢、不可以做的。

孩子梦中说
不开心的话，
怎么办？

一位妈妈，有个4岁的女儿，在读幼儿园小班，属于比较内向的孩子，在小区里只喜欢和自己的家人玩，一般不会主动找别的小朋友玩。放学的时候，妈妈问她在幼儿园开心吗，大部分时候会说很开心。但是小女孩经常会在梦中说，哪个小朋友说她不好，哪个小朋友推了自己或者打了自己一下，不让自己玩玩具等不开心的事。早上起床后，孩子偶尔也会说到这类情况，妈妈问她告诉老师了吗，她经常说老师不管。孩子也经常说不愿意上幼儿园。妈妈不知道该怎么安慰孩子。

在孩子表达能力还不够强的时候，父母常常会担心孩子在幼儿园和小朋友发生了冲突，放学回到家却说不清楚事情经过，或者一见到父母就干脆忘记说了。如果听到孩子在梦里和小朋友有冲突的，就像案例中的孩子那样，父母肯定会非常揪心，认为孩子是因为表达能力有限而没有说出来，或者是不敢说出来，最后通过梦来表达，因而特别担心孩子受到伤害。

那么这种情况下，父母到底需不需要担心，又是否需要帮助孩子做点什么呢？

其实，做梦是孩子处理和表达情绪的一种非常自然的方法。人类有很多很自然的方法来处理情绪，因为人类是感情、情绪最多的生物，而情绪又会产生能量，所以需要用一些方法把情绪能量舒放出来。除了喜怒哀乐，或者画画、唱歌、跳舞这些非常自然的方法以外，人类还有一个非常特别的方法就是做梦——从出生那一天开始，人就会做梦了。

在日常生活里，很多无意识的情绪，都会通过梦的方式舒放出来。在孩子情绪比较多的情况下，你就会看到孩子说梦话，好像在和小朋友发生冲突，其实这对孩子来说是一个非常自然的释放情绪的方法。虽然做这种梦，孩子看起来有一点不舒服、不开心，但对孩子来说，不会造成什么问题，因为梦本身就是在帮助孩子舒放情绪。除非孩子常常在梦里哭喊、尖叫，或者他的梦总是不断地重复某个事件，这时才需要父母查明原因、帮助孩子处理，否则父母不必太过担心。

如果孩子早上醒来之后，在很清醒的状态下，告诉妈妈梦里和小朋友发生冲突的情况，那么妈妈首先要做的就是告诉孩子："妈妈听到了，知道你现在很不开心。""妈妈听到了，知道这件事情让你感觉很委屈。"然后再教导孩子，和小朋友因为争抢玩具发生冲突的时候，如何去表达自己的意愿。

对于幼儿园阶段的小朋友来说，故意欺负别人的情况比较少见，因为孩子的心智还没有发展到从欺负别人来获取快感的复杂程度，对于如何解决和别的小朋友发生冲突的问题，仍处于学习的初始阶段。这个时候，父母只要持续地教导孩子去表达自己的意愿，以及理解别人的意愿就可以了。

总之，我最想告诉父母的就是，孩子做梦时说一些不开心的话，属于处理情绪的自然表现，不用太过担心，等孩子在清醒状态下清楚地表达出来时，就可以针对孩子所说的去教导他如何处理。

孩子常常说话过激，
怎么办？

有一位妈妈，女儿三岁四个月了，性格比较内向，在外面不太爱说话，也不主动和别人打招呼，但在家里还是爱动爱笑的。有时候聊天，女儿会说"要把小朋友扔进垃圾桶"，或者"要把小朋友的头打出血来"。当然，她从来没有真的这么做过。妈妈觉得女儿不会真的那么做，只是抒发一下情绪，所以对于孩子说这样的话，妈妈都是尽量淡化，也会告诉孩子，说这样的话不好。妈妈曾问女儿，在幼儿园有没有好朋友，女儿也会说出几个名字，说明还是有好朋友的。那么，对于孩子这样的言语，需要担心吗？这位妈妈的做法对不对呢？遇到这种情况，到底该怎么办呢？

首先，这个小女孩才三岁四个月，在家里能够玩、能够笑，但是在外面不主动打招呼，这对于性格内向的人来说是正常的。因为性格内向的孩子，一般对感觉安全、熟悉的人，才会主动去聊天、一起玩，而对于还不那么熟悉的人，或者在幼儿园等比较陌生、觉得不够安全的环境里，是不会主动去和别人打招呼或者去找别人玩的。

但我比较担心的是，这个小女孩的语言方式跟她的性格是不相符的。因为她谈到小朋友的时候，说"要把小朋友扔进垃圾桶"或者"要把小朋友的头打出血来"。对于一个只有三岁多又比较内向的小女孩来说，她的确不太可能会这样去做，但是她为什么要用这么过激的语言来表达自己的情绪呢？这是需要思考的。

原因一：孩子通过模仿别人，使用这种过激的语言来表达自己内在的一些情绪。

可能性比较大的原因是，家里有大人说话的方式比较粗暴，或者在幼儿园里听到了老师或其他小朋友这样说话，于是她通过模仿，使用这种比较激烈的语言来表达自己内在的一些情绪。

若果真如此，那么妈妈只要告诉女儿，这样的语句别人听了会不舒服，然后教导她怎样说比较好，比如"这样我就生气了""这样我会非常不高兴"。父母千万不要因为孩子不会真的这样做就觉得无所谓，要从小教导孩子，可以直接说自己生气了，但是不要说这种非常有攻击性的话，否则有可能会引发别人的攻击。

原因二：孩子确实受到了欺负，需要把内在累积的愤怒情绪表达出来。

如果并不是因为常常听到暴力语言而去模仿，那么另一个原因可能是孩子的内心确实有很多累积的愤怒，而最有可能引发愤怒的就是孩子觉得有人欺负她。所以孩子到了家里，觉得安全的时候，就会用她知道的、最强烈的暴力语言，把自己内在的愤怒表达出来。这种情况下，父母需要跟幼儿园老师沟通，确认在幼儿园时有没有其他小朋友欺负自己的孩子。

此外，父母也可以通过游戏治疗来教导孩子在幼儿园里应该怎么应对，同时把孩子的情绪舒放出来。其实，游戏是孩子通过模拟来学习社会化、学习跟其他小朋友互动、学习在幼儿园这种跟家庭不一样的环境中处理问题的非常好的方法。

比如，妈妈可以买一套与幼儿园环境相关的游戏模型给孩子，让孩子按照自己的意愿，把幼儿园或者教室场景摆出来，用几个小人模型代表孩子的同学、伙伴，再用一些大人模型代表老师或其他成人。孩子可以用这套模型，把自己的故事讲出来——比如，幼儿园里面有一个主人公，这个主人公叫某某……当然，这个主人公未必是自己家的孩子，因为有些孩子很害怕把自己的故事说出来，所以孩子不以自己为主人公而另取一个名字，也是可以的。

父母可以问问孩子这个故事的细节，比如这个主人公有几个好朋友，哪一些朋友是他喜欢的，哪一些朋友是他不喜欢的，喜欢的叫什么名字、为什么喜欢，不喜欢的叫什么名字、为什么不喜欢……

这样通过做游戏、讲故事的方式，孩子会把他遇到的真实情况表达出来，父母可以了解真实情况和孩子的内心世界，既能让孩子有恰当的渠道把自己的情绪发泄出来，还可以让父母教导孩子如何说话、处理问题，父母不妨试试这类方法。

案例中的妈妈可以试试这种方法，看看孩子的过激语言是不是可以减少。如果能减少，就说明这个方法是有效的；如果情况越来越严重，再来看看到底是由什么事情引起的。

04

讨厌自己，
怎么办？

孩子在天性上非常希望

能够给父母带来骄傲和快乐，

当他发现自己没有办法做到时，

就会产生讨厌自己的想法。

孩子说讨厌自己，
怎么办？

孩子刚来到这个世界时，就像花束一样，是很快乐的。他想要把自己的美丽绽放人间，为自己的生命感到快乐、幸福和兴奋。然而，随着孩子慢慢长大，他开始说"我讨厌自己"，到了青少年阶段就更严重，会说"我真的很讨厌自己"。

一个好好的孩子，为什么会说这样的话？

孩子的五朵金花无法开放

♀

孩子说"我讨厌自己"时，其实是对自己有一份恨。为什么恨自己呢？一般跟孩子的五大天性，也就是五朵金花有关系。五大天性中的任何一种被压抑，使得这朵金花没有办法绽放时，孩子就会讨厌自己。

第一，孩子很想被爱或者很想去爱别人，但是基于各种原因没有办法做到，甚至到了害怕被人爱或者去爱别人的地步，这时他就会恨自己。

第二，孩子很想与别人连接，建立良好关系，获得兄弟姐妹或者朋友的喜爱。如果孩子在建立关系的过程中不断被排斥或者被拒绝，无法跟别人连接，那他也会恨自己、讨厌自己。比如，有的家庭很渴望生个儿子，女儿降生后，父母总是说，其实我们很想生儿子，没想到生了个女儿。有的妈妈甚至会直接告诉女儿："因为我生的是女儿，所以你的爸爸不高兴，你的奶奶不高兴，你的爷爷不高兴……"这些都会让孩子觉得无法与别人连接，进而讨厌自己——讨厌自己的身份，讨厌自己的性别，甚至讨厌自己这个人——这都是因为在关系上受到排斥而引发的。

第三，孩子觉得自己活得没有价值。有些孩子在成长过程中，觉得生活压根儿没有意义，也没什么意思。很多讨厌自己的孩子会说："活着真没意思，活着真的太无聊了。"简单来说，就是觉得没有价值。即使有人爱、有人关注，很多孩子还是觉得，自己生命的每一天不知道为何而活。当一个孩子怀疑自己的价值时，也会很讨厌自己。特别是那些有偏差行为、不懂得怎么处理情绪，或者学业成绩比较差的孩子，他们经常被指责，因此会觉得来到这个世界之后，只是给父母或者家人增加了很多负担和麻烦，但是又很无助，因为不知道可以做什么。通常父母会告诉孩子不可以做什么，但很少告诉孩子可以做什么。所以这些孩子会有很多自责、内疚的情绪，久而久之就会觉得生命没有意义，因而开始讨厌自己的存在。

第四，孩子无法独立自主。有些孩子觉得，成长中没有选择的自由，整个人都在父母的控制之下。父母非常强势时，孩子的独立自主之花就无法绽放。天性一直被压制，尤其是天生气质上特别希望有选择自由的孩子，就会非常讨厌自己。

第五，孩子的安全感不足。如果不管遇到什么事情，都觉得害怕和无助，没有办法信任自己，那么孩子也会讨厌自己。

孩子无法满足父母的期待

有些孩子讨厌自己，是因为无法满足父母的期待。

父母对孩子有很多期待，但是在孩子努力的过程中却没有告诉孩子：我已经看到了你的努力，虽然还没有达到想要的目标，但你确实已经进步了。

这些孩子看到的往往是父母愤怒、悲伤、沮丧，甚至对自己为人父母的角色很不满意。其实孩子在天性上非常希望能够给父母带来骄傲和快乐，当他发现自己想要满足父母的期待却没有办法做到，反而因为亲子关系使父母愤怒、悲伤、沮丧时，就会产生讨厌自己的想法，比较极端的甚至会有自杀的念头——认为自己的离世可以减轻父母的负担，让这个家变好。

既然孩子的自我讨厌、自我憎恨与不能满足父母的期待有关，那么建议在孩子的成长过程中，每当孩子取得哪怕一点点进步时，父母都要明确告诉孩子："我有一个期待，而你正在很努力地想要满足我的期待，这是我能看到的。"单单是这样一句话，就能让孩子从自我讨厌的情绪中走出来。

父母的婚姻关系出现了问题

婚姻关系出问题时，有些父母会互相攻击，常常把孩子卷入婚姻关系里。双方都希望孩子站在自己这边，指责对方。其实孩子很想帮助父母缓和矛盾，但是没有办法做到，因为父母的婚姻关系只能由他们自己处理。

有些父母还互相指责对方："就是因为你，孩子才成绩不好，情绪也多，行为有偏差……"其实，孩子情绪不稳定，人际关系有障碍，产生偏差行为，很多时候恰恰是因为父母的关系恶劣，引发了孩子太多的情绪。父母这样互相指责，孩子会感觉非常内疚自责，甚至会认为："就是因为我没有更加聪明、更加优秀，所以爸爸妈妈才会互相指责。如果没有我，爸爸妈妈就不会这样……"

父母不要把孩子当成互相攻击的工具，否则孩子会认为是自己的不优秀导致父母关系不好，因而讨厌、痛恨自己。

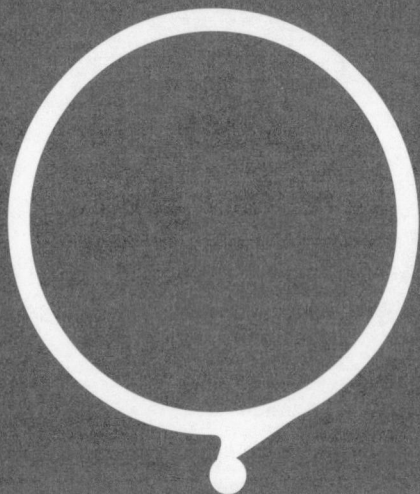

孩子痛恨甚至
伤害自己，
怎么办？

有一位妈妈说，她的儿子今年7岁，常常觉得自己有问题，脾气很急躁，在人际交往中非常不自信，遇到很强势的人会非常害怕。一旦做得不好或者被别人批评，孩子就会惩罚自己——打自己的脑袋，或者抓自己的头发。总之，会去伤害自己，跟自己过不去。妈妈问，关于孩子伤害自己的问题，应该怎么办呢？

这个孩子不只是用嘴巴说讨厌自己，而是痛恨自己，甚至伤害自己了。

为什么孩子会自我伤害呢？这是一种生理回馈。

孩子内在的情绪会产生很多能量，积累到一定程度，孩子没有办法处理时，就会演变成一种自伤的行为。小一点的孩子可能会咬手、啃指甲。年龄大点的孩子，可能会用头去撞墙，用手打自己的头，或者抓自己的头发。到了青少年阶段，他们可能会用刀片割伤自己。为什么孩子会用这些方式伤害自己呢？其实是在通过肌肉的紧张和放松，把情绪抒发出来。

　　我什么都做不好，我很讨厌自己，我很痛恨自己——孩子觉得自己不可爱、不够好、不够聪明，觉得自己来到这个世界就是一件错误的事情……为什么孩子会这样想？主要原因是自我价值感太低了。

　　一种原因是父母常常用非常恶毒的语言对待孩子，把孩子批评得一文不值，如果孩子在成长过程中不断被批评不够好、不可爱、不够聪明、什么都做不好，他就会讨厌自己、痛恨自己。

　　另一种原因是父母常常让孩子觉得很内疚。比如妈妈说："如果不是因为你，我早就离婚了，我就不用在这么糟糕的婚姻里受苦。""如果不是因为你，我早就离开你爸爸了，我就不用承受家暴了。""离婚之后我带着你多辛苦啊，我的生活如此艰辛，都是因为要养育你。"……
这类语言会引发孩子的内疚，这种情绪非常伤害孩子的价
值感。孩子会觉得是因为自己来到这个世界，才会害妈妈
过上悲惨的生活，因而导致孩子讨厌、痛恨自己。

案例中的孩子已经自伤了，表示他的情绪垃圾非常
多，非常讨厌自己了，而他又无法从父母身上得到足够的
心理营养，特别是在肯定、赞美、认同和接纳方面。妈妈
需要思考，做些什么能够帮助孩子增加心理营养。

孩子在幼儿园
不愿开口说话，
怎么办？

一位妈妈说，孩子今年七岁，快上一年级了，在幼儿园一句话都不说，家人什么办法都尝试了，但孩子就是不开口，有时候实在是不得不说了，孩子也只是用唇语，声音特别小。妈妈带孩子去医院看过，被诊断为选择性沉默症和社交焦虑；也带孩子上了一些辅导课程，可是对孩子帮助并不大。孩子的天生气质偏忧郁型，也比较情绪化。近两个月以来，妈妈坚持给孩子做心理营养，孩子在家里一切正常，相对活泼，在很多方面有很明显的进步，特别是遇到困难时能够尝试自己处理了，但是在幼儿园还是不会开口说话。妈妈问，是否需要带孩子看心理医生呢？

首先要称赞这位妈妈，只用了两个月的时间就能让七岁的孩子自己去处理一些问题，这真的是很大的进步。

孩子在家里说话表达没有问题，只是到了幼儿园才会选择不说话。孩子不想说话，有多种可能，最大的可能是他觉得不说话能够保护自己。为什么要保护自己呢？很有可能是因为他觉得不说话就不会被别人嘲笑或者攻击。所以我猜测，孩子在幼儿园碰到过一些麻烦，因为说话被别人指责或者嘲笑过，所以后来就选择了不说话。

既然妈妈做了两个月的心理营养，孩子在家里有了很明显的进步，那么妈妈不妨继续做心理营养。一般几个月之后，孩子在各方面都会有更大的进步。

除了心理营养以外，建议妈妈尝试做两件事。

一是陪孩子玩游戏。可以以幼儿园为情境玩一些角色扮演类游戏。比如妈妈扮演小孩，孩子扮演老师，用比较幽默的方式模拟幼儿园的生活。扮演小孩的妈妈可以问："老师，班上有小朋友嘲笑我，说我说话有口音，他们听不清楚，我觉得很羞耻，我应该怎么办呢？"然后看看孩子会怎么说。孩子扮演老师时，一般会从老师的角度去劝说的。通过多次玩这种互动游戏，孩子会有所突破，至少能舒放他的情绪。

二是陪孩子画画。孩子有情绪问题，可以在画画时表现出来。针对画里的内容引导孩子表达自己。只要解开了孩子的心结，孩子在幼儿园就愿意说话了。

与渴望联结：每个问题，都是给予心理营养的最佳时机 ——